国家地理系列

中国国家地理精华

《图说天下·国家地理系列》编委会 编著

北京联合出版公司

图书在版编目（CIP）数据

中国国家地理精华 /《图说天下.国家地理系列》编委会编著 .—北京：北京联合出版公司，2012.5（2023.5 重印）
（图说天下.国家地理系列）
ISBN 978-7-5502-0744-8

Ⅰ.①中… Ⅱ.①图… Ⅲ.①地理—中国—普及读物 Ⅳ.① K92-49

中国版本图书馆 CIP 数据核字（2012）第 116457 号

中国国家地理精华

NATIONAL GEOGRAPHY COLLECTIONS

北京联合出版公司出版
（北京市西城区德外大街 83 号楼 9 层　100088）
北京天宇万达印刷有限公司印刷　新华书店经销
字数120千字　787×1092毫米　1／16　14印张
2012年6月第1版　2023年5月第11次印刷
ISBN 978-7-5502-0744-8
定价：19.90元

FOREWORD

前言

◎新疆天山天池

“地理”是人类最古老的学科之一。开天辟地之初，大自然就在不知疲倦地塑造着地球的沧海桑田，也带给了古老的人类无穷的好奇与想象。忽忽数十个世纪，人类一直在感受着自然造物的神奇，同时也用自身行动不断地给这个星球制造出新的惊喜。“地理”这个名词，也就在这种人与自然的往来交流中，不断被拓展出新的意义与内涵。

“国家地理”的概念，也就是由此而生。时至今日，也正在变成一个越来越为人们所关注的话题。相较于以往学术意义上的“地理”概念，它是一个更加广博而宽容的界定，不仅仅局限于经典意义上的山川面貌、星辰运行等自然地理的内容，而是更多地融入了民俗、历史、旅游、科技发展等人文层面的印记，由此延伸，进而为整个社会风貌折射出一个真实的投影。结合了人性的地理，就不再只是一个简单的学术符号，而渐变成为一种充满着人文关怀的文化，成为当今社会人所关注的热点话题。然而人们对于此的热情，或许也并不仅是出于对时尚潮流的盲从，某种程度上，更是出于潜意识中对自身生存意义的追寻与探索。正是自然与人性的结合，才凸显了国家地理的魅力所在。

为此，我们特别编辑制作了这套《图说天下·国家地理系列》丛书。本册《中国国家地理精华》，以地理为纲，系统详细地介绍了中国各省、自治区、直辖市和特别行政区的地形、气候、水文、自然资源以及行政区划、人口、民族、历史、文化等方方面面的知识，并配以500多幅精美图片，对中国国家地理风貌做了一次全新展示，为读者营造出一种了解中国自然地理、感受人文感怀的良好氛围。

CONTENTS

目录

8
中国地理概况
边界疆域/政区划分/华夏民族

11
中国近海
渤海/黄海/东海/南海

14
中国地貌
青藏高原/内蒙古高原/云贵高原/黄土高原/东北平原/华北平原/长江中下游平原/塔里木盆地/准噶尔盆地/柴达木盆地/四川盆地/山地/丘陵/戈壁·沙漠/地震带/火山群

22
中国水系
长江/黄河/大运河/湖泊/沼泽/冰川/海岸/岛屿/海峡

30
中国气候
大陆性季风气候/气温/降水/梅雨/寒潮/台风

34
自然资源
土地资源/水资源/森林资源/自然保护区/植物资源/动物资源/能源资源/矿产资源

38
东北地区
大兴安岭·小兴安岭/乌苏里江/鸭绿江/北国粮仓/镜泊湖/丹顶鹤/东北虎

辽宁............ 42
辽东半岛/辽河/千山/沈阳故宫/满族

吉林............ 46
吉林丘陵/松花江/图们江/朝鲜族/雾凇

黑龙江.......... 50
松嫩平原/五大连池/黑龙江/哈尔滨/漠河/赫哲族

54
华北地区
鄂尔多斯高原/巴丹吉林沙漠/太行山/河套文化/避暑山庄

北京............ 58
周口店北京人/四合院·胡同/香山/密云水库·黑龙潭/卢沟桥/永定河/龙庆峡/明十三陵

天津............ 62
渤海湾/海河/天津卫·大沽炮台/杨柳青年画·泥人张

河北............ 64
河北平原/雾灵山/滦河/赵州桥/白洋淀/邯郸/北戴河/山海关

山西............ 68
大槐树/壶口瀑布/恒山/五台山/晋祠/华严寺/应县木塔/平遥古城/云冈石窟/汾河·汾河盆地·汾酒

内蒙古.......... 72
呼伦贝尔草原/呼伦湖/阴山/呼和浩特/蒙古包·那达

CONTENTS

慕/蒙古族/成吉思汗/鄂温克族·达斡尔族/鄂伦春族/驯鹿/昭君墓

78

华东地区

江淮平原/雁荡山/鄱阳湖/鄱阳湖平原/河姆渡文化/良渚文化

上海............. 82

浦东新区/黄浦江/吴淞江/滨海湿地/河口沙洲·崇明岛/东方明珠塔

山东............. 86

山东半岛/泰山/济南·青岛/莱州湾/东平湖/趵突泉/蓬莱仙境/大汶口文化/孔子·孔庙/珍宝之乡/石油资源

江苏............. 90

太湖/洪泽湖/周庄/江苏的城市/苏州园林/中山陵/寒山寺/宝华玉兰·麋鹿

浙江............. 94

杭嘉湖平原/普陀山/天台山/钱塘江·钱塘江大桥/千岛湖/西湖/舟山群岛/灵隐寺·飞来峰/杭州·绍兴/杭州老字号

安徽............. 98

皖中沿江平原/巢湖/安徽溶洞群/九华山/黄山/天柱山/扬子鳄

江西............ 102

赣江/庐山/三清山/井冈山/南昌/景德镇/滕王阁/钨都/白鹤

106

华中地区

三门峡/洞庭湖·洞庭湖平原/颍河/汉江/大别山/王屋山/白鳍豚

河南............ 110

南阳盆地/洛阳·牡丹/开封市/殷墟/龙门石窟/嵩山/函谷关

湖北114

江汉平原/洪湖/长江三峡/武当山/神农架/武汉市/黄鹤楼

湖南............ 118

衡山/武陵山/雪峰山/湘江/土家族/武陵源/岳阳楼

122

华南地区

珠江三角洲/东南沿海丘陵/北部湾

福建............ 124

马祖列岛/闽江/晋江/武夷山/岩石景观/福州·厦门/鼓浪屿/妈祖信仰·爱蛇的

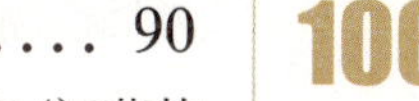

CONTENTS

习俗/土楼/南普陀寺

海南............130
五指山/万泉河/南沙群岛/海口·三亚/亚龙湾/黎族/百花岭瀑布/天涯海角/南湾猴岛/海南的海底世界/蜈支洲岛/永兴岛

广东............136
丹霞地貌/珠江/广州·深圳/海上丝绸之路/雷州半岛/肇庆星湖/客家人

140
西南地区
大娄山/哀牢山/梅里雪山/金沙江/嘉陵江/藏传佛教/瑶族/黑颈鹤/喜马拉雅山

广西............146
岩溶地貌/大瑶山/乐业天坑群/红水河/漓江/郁江/灵渠/桂林市/阳朔风光/壮族/“茶族皇后”/白头叶猴·瑶山蜥蜴/经略台真武阁

重庆............152
白帝城/丰都鬼城/嘉陵江小三峡/小寨天坑/大足石刻/神女峰/悬棺

四川............156
成都/贡嘎山/岷江/都江堰/大渡河/稻城亚丁/九寨沟/峨眉山/羌族/青城山/皱皮杜鹃·杜鹃鸟

贵州............162
梵净山/乌蒙山/黄果树瀑布/乌江/草海/黔灵山/安顺·蜡染艺术/傩文化/国酒茅台/苗族

云南............168
红土高原/玉龙雪山/路南石林/滇池/三江并流/西双版纳/春城昆明/古城大理/苍山洱海保护区/丽江古城/迪庆/元谋文化/滇金丝猴

西藏............174
冈底斯山脉/横断山脉/念青唐古拉山/雅鲁藏布江/雅鲁藏布大峡谷/纳木错/藏族/世界之巅阿里/拉萨/日喀则/布达拉宫/哲蚌寺/羊八井/藏羚

180
西北地区
河西走廊/贺兰山/西岳华山/昆仑山/阿尔金山脉/骆驼刺/蓝马鸡/羚牛/雪豹

CONTENTS

陕西............ 184
关中平原/汉中盆地/太白山/秦岭/渭河/古都西安·大雁塔/延安/中国穴居/蓝田人遗址·半坡遗迹

宁夏............ 190
六盘山/泾河/清水河/银川/三关口明长城/须弥山石窟/水洞沟遗址

甘肃............ 194
腾格里沙漠/祁连山/崆峒山/黑河/玉门关·玉门市/嘉峪关关城/酒泉/齐家文化/张骞出使西域/麦积山石窟/敦煌莫高窟

青海............ 200
青南高原/可可西里/巴颜喀拉山/澜沧江/沱沱河/通天河/青海湖·鸟岛/鄂陵湖/扎陵湖/龙羊峡/西宁市·格尔木市/塔尔寺

新疆............ 206
帕米尔高原/天山山脉/阿尔泰山/吐鲁番盆地/新疆天池/塔里木河/博斯腾湖/喀纳斯湖/罗布泊/坎儿井/乌鲁木齐/高昌古城/楼兰古城/雪莲

212
香港
大屿山岛/九龙半岛/香港岛/维多利亚港/太平山/浅水湾/香港会议展览中心/香港金融中心/太空馆

216
澳门
澳门半岛/氹仔岛·路环岛/妈祖阁

218
台湾省
台北市/高雄市/高山族/安平古堡/中央山脉·阿里山·日月潭/台湾岛/钓鱼岛·澎湖列岛/佛光山/宜兰风景区

中国世界遗产名录222

中国地理概况

中国全称中华人民共和国，她东南面向海洋，西北伸向内陆，有漫长的海岸线，是一个海陆兼备的国家。中国的陆地面积约960万平方千米，仅次于俄罗斯、加拿大，居世界第三位，差不多同整个欧洲的面积相等。中国领土纵横经纬跨度大，东西跨越经度有60多度，跨5个时区，东西距离约5200千米；南北跨越纬度近50度，南北距离约为5500千米。中国的版图被形象地比作一只头朝东尾朝西的金鸡。

边界疆域

中国领土北起漠河以北黑龙江主航道，南至曾母暗沙，西起帕米尔高原，东至黑龙江与乌苏里江汇合处。中国陆地疆界总长2万多千米，毗邻朝鲜、俄罗斯、蒙古、哈萨克斯坦、吉尔吉斯斯坦、塔吉克斯坦、阿富汗、巴基斯坦、印度、尼泊尔、不丹、缅甸、老挝和越南等14国；大陆东部与南部有渤海、黄海、东海、南海，近海环绕中国大陆，与太平洋连成一片。东和东南与韩国、日本、菲律宾、文莱、马来西亚、印度尼西亚等国隔海相望。中国大陆海岸线北起鸭绿江口，南到中越边界的北仑河口，长达1.8万多千米。

政区划分

中国现行行政区划分为4级。第一级划分为省、自治区、直辖市，并在香港、澳门设立特别行政区；第二级划分为地区、盟、自治州、地级市；第三级分为县、自治县、旗、自治旗、县级市；第四级是乡、民族乡、镇。直辖市和较大的市分为区、县；自治州分为县、自治县、市。自治区、自治州、自治县都是民族自治地方。目前中国的省级行政区共23个省、4个直辖市、5个自治区、2个特别行政区。此外，中国还设置了经济特区和计划单列市。北京是中华人民共和国首都。

黑龙江省漠河以北的黑龙江主航道中心线是中国领土的最北点。处于漠河河畔的中国最北部的村镇，被称为“北极村”。

华夏民族

在华夏大家庭中共有56个民族，其中汉族人口最多，占全国总人口的91.51%，也是世界上人口最多的民族。其他55个民族在总人口中居于相对少数地位，故称少数民族。少数民族中，壮族人口最多，有1800多万

黑龙江和乌苏里江的主航道汇合处，是中国的最东端，约为东经135°。黑龙江是亚洲的大河之一，有南北两个源头，在黑龙江省漠河以西的恩和哈达附近汇合后称黑龙江，而乌苏里江为黑龙江的支流。

人；珞巴族人口最少，仅2300余人。

中国共有24种民族文字，80余种民族语言。汉字是全国通用的文字；汉语普通话是中国推广的官方语言。少数民族中，回族、满族使用汉语，其他53个民族使用一种或数种民族语言，少数民族中很多人兼通汉语。

中国是一个有多种宗教的国家，主要宗教有道教、佛教、伊斯兰教、基督教等，信仰者达上亿人。回、维吾尔、哈萨克、柯尔克孜、塔塔尔、乌孜别克、塔吉克、东乡、撒拉、保安等10个民族信仰伊斯兰教；藏、蒙古、珞巴、门巴、土、裕固等民族信仰藏传佛教；傣、布朗、德昂等民族信仰小乘佛教；苗、瑶、彝等民族中有相当一部分人信仰天主教和基督教；汉族中有些人分别信仰佛教、道教、天主教和基督教。此外，鄂伦春、鄂温克、达斡尔等民族多信仰萨满教，还有个别民族信仰东巴教和本教。

华表是独具华夏民族特色的石雕建筑，也是中华文化的象征。图为北京天安门前的云龙华表，现已成为天安门的标志。

帕米尔高原位于中国领土的最西端，是天山、昆仑山、喀喇昆仑山和兴都库什山等交汇而成的大山结。因中国东西两点经度相差近62°，所以当东海之滨朝阳初升时，帕米尔高原还是深夜。

中国少数民族种类繁多，分布广阔，加之自然环境和民族习惯、审美情趣的差异，民族服饰也是多姿多彩，无论是质料还是色彩都十分丰富。

中国近海

中国近海是指渤海、黄海、东海和南海四大海域，位于北太平洋的西部边缘，总面积470多万平方千米。渤海和黄海以老铁山角经庙岛群岛至山东蓬莱角的连线为界；黄海与东海以长江口北角至韩国济州岛西南角的连线为界；对东海与南海的界线说法不一，较为公认的是以南澳岛与鹅銮鼻的连线为界。中国近海冬夏季风交替显著，大抵可分3个气候区：渤、黄海为暖温带季风气候区，东海为亚热带季风气候区，南海大部分海域为热带季风气候区。

渤海

渤海是中国的内海，也是中国最北、最浅的半封闭性海域。三面环陆，与辽、冀、津、鲁相邻，东有渤海海峡与黄海相通。海峡的南北两侧有山东半岛、辽东半岛钳形扼守。渤海南北长约556千米，东西宽约236千米，由辽东湾、渤海湾、莱州湾和中央海盆组成，三大海湾都分布有粉沙黏土软泥和黏土质软泥。总面积7.7万平方千米，平均深度约18米。入海的主要河流有黄河、辽河、滦河和海河，年径流总量达888亿立方米。渤海为中、新生代沉降盆地，海底是前寒武纪变质岩，第四纪沉积物厚达300～500米，主要为陆源物质。沿岸地势向中央和海峡倾斜，地形平缓。

黄海

黄海是中国大陆与朝鲜半岛之间的陆架浅海。黄海北部、东部沉积物为粗、细粒兼有，黄海南部东西两侧为细沙和粗粉沙，中间为黏土质软泥，因海水呈黄褐色，得名黄海。南北长870千米，东西宽约556千米，面积约38万平方千米，平均水深44米。地势由北和东西两侧向中央和东南方向倾斜。中央偏东有狭长低槽，自济州岛伸向渤海海峡，称为“黄海海槽”。槽的东侧坡陡，西侧平缓。南黄海西部沿岸较浅，苏北沿岸多辐射状沙脊群，是船只航行的险滩。东部沿岸比西部沿岸深。主要入海河流有淮河河系、中朝界河鸭绿江和朝鲜的大同江等；主要海湾西有胶州湾、海州湾，东有朝鲜湾和江华湾。

渤海湾为陆地环抱的浅海盆，油气资源十分丰富，石油储量达10亿吨，分布于南堡、北塘、岐口等海域。1986年正式在海上采油，建有3个油田。渤海地区石油资源丰富，是海上油田开发的主要地区。

东海

东海是中国陆架最宽的边缘海，位于上海、浙江和福建的东部，中国台湾岛和日本琉球群岛的西部；西北与黄海相接；东北以韩国济州岛东端至日本九州野姆崎角的连线与朝鲜海峡沟通；南经台湾海峡与南海相连。东海呈东北—西南走向，长约1296千米，东西宽约740千米，面积约77万平方千米。平均水深370米，最大水深在冲绳海槽，为2719米。海底地形由西北向东南作台阶式加深。台湾岛与五岛列岛连线的西北侧为陆架浅海，东南侧为陆坡和海槽深海。东海为地震活跃区，地震发生较频繁。入海河流主要有长江、钱塘江、闽江、瓯江和浊水溪。主要海湾有杭州湾、象山湾、三门湾和乐清湾等。

南海又称南中国海，海域上有数百个由珊瑚礁构成的岛屿。珊瑚的每一个单体叫珊瑚虫，成千上万个珊瑚虫像大群蜜蜂一样聚居在水底高高突起的岩石上，死后的残骸填充了细沙和各种贝壳碎片，堆成了礁状，日久天长，就渐渐露出了海面，形成特殊的珊瑚岛。据统计，这些岛屿和暗礁每年平均要长高1厘米。南海还有一个中沙群岛，是一些隐藏在水下的暗礁暗滩，距离海面不足10米，在海面上看不见岛的影子。由于珊瑚虫的作用，中沙群岛终有一天会长高露出水面，成为名副其实的岛屿。南海是中国沿海岛屿聚集的海域。

南海

南海是中国近海中面积最大、水最深的海区，面积约350万平方千米，平均水深1212米，最大深度5559米，位于中国最南端。东接太平洋，西南通印度洋。地形似菱形，从四周呈阶梯状向中部加深。分陆架、大陆坡和深海盆等地貌单元。陆架以西南部最宽，北部陆架宽约285千米，东、西部陆架最窄，吕宋岛以西，岛架宽仅5米。大陆坡呈阶梯状下降，其上岛屿和暗礁星罗棋布，中国的东沙、西沙、中沙和南沙诸群岛都位于陆坡上，东、西部陆坡较陡，并有许多切割峡谷。入海的主要河流有中国的珠江、越南的红河、湄公河和泰国的湄南河等。主要海湾有中、越两国接壤的北部湾、泰国南部的泰国湾等。

南海海岸线

中国地貌

中国地形多种多样，高原、山地、丘陵、盆地、平原这五种地形都有大面积的分布，各自呈现出不同的自然景观。地势分布西高东低，呈3级阶梯，自西而东，逐级下降。平原少，山地多，陆地高差悬殊。全国近70%的县区分布于山区。山地和高原多集中于西部地区。全球高于8000米的12座山峰中，中国就有7座。高大绵长的山脉，构成中国陆地的骨架，纵横交错，形成网络状，其间为形态各异、大小不等的高原和盆地，组成各具特色的地貌区域。中国与尼泊尔接界处的珠穆朗玛峰和新疆吐鲁番盆地的艾丁湖正负比差超过9000米，为世界之最。

青藏高原

青藏高原是中国最大的高原，也是世界最高的大高原，旧称青康藏高原。它位于中国西部及西南部，包括西藏自治区和青海省全部、四川省西部、新疆维吾尔自治区南部、甘肃省西南部及云南省西部，面积240万平方千米，平均海拔4000～5000米，被誉为世界屋脊。青藏高原的形成与地球上最近一次强烈的、大规模的地壳运动——喜马拉雅造山运动密切相关，是世界上最年轻的高原。高原地势高峻，对该区和东亚气候产生极大影响，具独特的高原气候特征：空气稀薄、气压低、含氧量少、生存条件非常恶劣，牲畜与作物均为耐寒种类。

内蒙古高原

内蒙古高原由于高原表面开阔坦荡，所以又称为内蒙古高平原，海拔600～1400米，地势西高东低，南高北低，坦荡缓穹的岗阜（蒙古语：平地）与宽广的塔拉（蒙古语：盆地）相间，构成了大面积辽阔的草原风光。内蒙古主要由两大地质构造体系构成：中朝准地台和内蒙古—大兴安岭褶皱系。中生代时期的地壳褶皱形成了如今的贺兰山和桌子山；燕山运动再次改造褶皱，就有了现在的大兴安岭。几次地质运动造就了

青藏高原是地球上最年轻的地质构造单元，高原年龄还不足1000万年。这里地热资源丰富，多地震，多温泉。

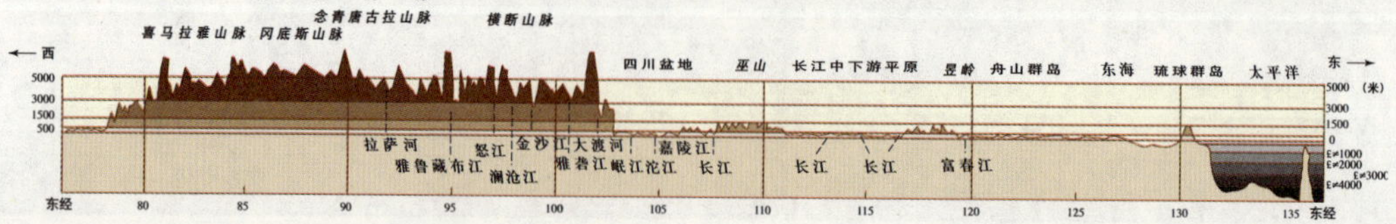

内蒙古自治区以高原为主，海拔1000米上下，是中国的优良牧场。北部为高原的主体，东部草原宽广，西部戈壁、沙漠面积较大，局部有流沙、风蚀、残丘分布。南部较宽广的谷地已辟为耕地。

这片辽阔的土地，如今一提到内蒙古，就会让人联想到无边无际的茫茫草海和珍珠般的白羊。

云贵高原

云贵高原位于中国西南部，包括云南省东部、贵州省全部、广西壮族自治区西北部以及四川省、湖南省、湖北省交界地区，是中国南北走向和东北—西南走向两组山脉的交汇点。高原平均海拔1000～2000米。西北高东南低，是长江、西江（珠江的最大支流）和元江三大水系的分水岭。根据地貌特征，云贵高原可分为东西两部分：东部贵州高原和西部云南高原。高原自然景观垂直分布明显，其中2800米以上的山地、山原，属亚高山暗针叶林、高山栎林棕壤带，是森林分布的主要地带。云贵高原水力资源丰富，蕴藏多种矿产资源，盛产各种经济作物，并有多种珍稀药材在此生长。

黄土高原

黄土高原位于中国中部偏北，是世界上最大的黄土沉积区，包括了太行山以西、青海省日月山以东、秦岭以北、长城以南的广大地区。高原跨山西省、陕西省、甘肃省、青海省、宁夏回族自治区及河南省等省区，面积约40万平方千米。按地形差别分陇中高原、陕北高原、山西高原和豫西山地等区。黄土颗粒细，土质松软，富含可溶性矿物质养分，利于耕作，盆地和河谷农垦历史悠久。黄土高原是中国古代文化的摇篮。但由于黄土孔隙度较高，透水性强，垂直节理发育，具沉陷性，又缺乏植被保护，水土流失非常严重。

东北平原

东北平原位于中国大兴安岭、小兴安岭

云南土林面积达50平方千米，最高的土柱高达42.8米。土林的沙砾中含有多种矿物质，呈现出粉红、浅绿、橘黄、玫瑰红等色泽。

和长白山脉之间。又称为关东平原、松辽平原。山岭外侧被额尔古纳河、黑龙江干流、乌苏里江、图们江和鸭绿江所环绕，一向有山环水绕、沃野千里的说法。东北平原面积35万平方千米，是中国最大、地势最高的平原，属于寒温带、温带季风气候。黑土是东北平原重要的农业资源，黑土中含有大量有机质，人们形容它“用手一捏直冒油，插根柴禾也发芽”。这里曾经有品种和数目众多的野生动物，民谚中形容这里“棒打狍子瓢舀鱼”。如今经过大规模的开发，这里已经建成了中国最重要的商品粮基地。

冬季的长白山景色秀丽迷人，险峻峰峦上白雪皑皑，密布的湖泊和繁茂的森林共同构成了一幅幅美妙无比的画卷。

华北平原

华北平原是中国第二大平原，位于东部偏北，黄河下游，主要是由黄河、淮河、海河、滦河冲积而成的冲积平原组成。华北平原西起太行山和豫西山地，东到黄海、渤海和山东丘陵，北起燕山，西南到桐柏山和大别山，东南至苏、皖北部，与江淮平原相连，面积约30万平方千米。大部分海拔50米以下，土地平坦，交通四通八达，自古就是兵家必争之地，许多朝代都选择在华北平原建立都城。

华北平原又称黄淮海平原，黄河下游天然横贯中部，分为南北两部分：南面为黄淮平原，北面为海河平原。近百年来，平原不断向海洋延伸，平均每年延伸2000～3000米。

长江中下游平原

长江中下游平原包括两湖平原、鄱阳湖平原、苏皖沿江平原、里下平原和长江三角洲平原。在长江三峡以东、北界淮阳山地和黄淮平原，南界江南丘陵及浙闽丘陵，是长江中下游沿岸由长江及其支流冲积而成，呈带状的平原。长江中下游的平原在地球最近历史阶段，是一个地壳发生下降运动的地区，曾经形成过巨大的洼地，出现过远比今天的规模大得多的湖泊。像中国古代有个著名的云梦大泽，就分布在湖北和湖南的交界处。河流不仅带来泥沙使湖泊淤积，河流两岸的土地也都淤上了泥沙。由于泥沙在各地淤积厚薄不一，表面凹凸不平，当洪水退去时，有些凹地积水未泄，成了湖泊。长江中下游一带土地肥沃，湖泊众多，据不完全统计，这里的湖泊洼地总面积达到2万多平方千米，相当于长江中下游平原面积的10%左右。长江中下游平原大部分海拔50米以下，地势低平，河网纵横，湖泊密布，是中国湖泊最多的地方，其中较大的湖泊就有1300多个，有“水乡泽国”之称。这里是中国重要的商品粮、棉、油基地，也是经济比较发达的地区。

四川的地形利于开垦梯田，是中国梯田最多的地方之一。

塔里木盆地

塔里木盆地是中国第一大内陆盆地，西起帕米尔高原东麓，东到罗布泊洼地，北至天山山脉南麓，南至昆仑山脉北麓，居亚洲大陆中心，气候干燥，雨量特少，蒸发量大。轮廓呈菱形，地势西高东低，向北微倾，东西长约1500千米，南北最宽处600千米，平均海拔约1000米。从外围向中心可分为高山带、山前砾质洪积带、冲积平原带及沙漠。东部罗布洼地是盆地最低洼处，也是积盐中心，海拔780米。北部有众多风蚀墩与风蚀凹地相间组成的“雅丹”地貌，大致与主风向平行。因形状似龙，顶部是盐结块，外表呈白色，故《汉书·地理志》中称为“白龙堆”。

准噶尔盆地面积约38万平方千米，称为半封闭性内陆盆地。最低处在西南部的艾比湖，湖面海拔189米。盆地中部的古尔班通古特沙漠，是中国第二大沙漠，面积4.8万平方千米。

准噶尔盆地

准噶尔盆地位于新疆维吾尔自治区北部，天山山脉、阿尔泰山脉及西部诸山间，是中国第二大盆地。盆地呈不等边三角形，东高西低，盆地西部有高达2000米的山岭，多缺口，西北风吹入盆地，冬季气候寒冷，雨雪丰沛。盆地边缘为山麓绿洲，栽培作物多一年一熟，盛产棉花、小麦。盆地南缘冲积扇平原广阔，是新垦的农业区。准噶尔盆地内蕴藏着丰富的石油、煤和各种金属矿藏，盆地西部的克拉玛依是中国较大的油田；北部的阿尔泰山区盛产黄金。

柴达木盆地

柴达木盆地地处青藏高原深处，为阿尔金山、祁连山、昆仑山所环绕。处于平均海拔4000多米的山脉和高原形成的月牙形山谷中。盆地内有盐水湖5000多个，最大的要数青海湖。柴达木盆地由于风化所形成的雅丹地貌世界闻名，盆地内的盐产以及矿产都相当丰富，所以一直被人们誉为“财富盆地”。同时，盆地也属于狂风盛行的沙漠地域，其腹部沉积着群山被侵蚀后落下的碎石，以及由风携带而来的碎石片和沙子。柴达木盆地属高原大陆性气候，以干旱为主要特点，盆地内的自然景观为干旱荒漠，植被稀疏，动物具有蒙新区向青藏区过渡的特征。

四川境内的大巴山界内属古代巴国地域，以山地、丘陵为主；四川的主要河流大都从这里经过，流入长江，故历史上习惯于称“巴山蜀水”。

四川盆地

四川盆地是中国著名的红层盆地，它在中国四大盆地中形态最典型、纬度最南、海拔最低。盆地东部被盆周山地环绕，西部则是地域辽阔、地势高峻的川西高原和川西南山地。四川盆地边缘低山和中山比较多，山势陡峻，地表崎岖不平。李白《蜀道难》中“蜀道难，难于上青天”的诗句，就是对这块土地的生动描绘。称它为“红层盆地”，是因为盆地地表覆盖着大面积的中生代紫红色砂岩与泥岩，而且它也是中国中生代陆相红层分布最集中的地区。

山地

中国是多山之国，山脉构成中国地形的骨架，常常是不同地形区的分界。其中海拔超过5000米的高峰以千百计，无论是山峰的高度和数量都是其他国家不可相比的。它们的分布按走向可分为5种情况：东西走向、

五彩湾位于古尔班通古特大漠腹地，人称将军戈壁。从空旷的戈壁进入城郭之后，层次分明的彩色山峦迭转回环。五彩山下是玛瑙滩，史前生物化石和古森林化石随处可觅，逶迤百里。距火烧山石油基地30千米处有五彩城。

东北西南走向、西北东南走向、南北走向，还有弧形山系。其中，东西走向的山脉有3列（主要包括5条山脉）：北列为天山—阴山；中列为昆仑山—秦岭；南列为南岭。东北西南走向的山脉多分布在中国东部，有3列（主要包括7条山脉）：西列为大兴安岭—太行山—巫山—雪峰山；中列为长白山—武夷山；东列为台湾山脉。西北东南走向的山脉主要分布在中国西部，著名山脉有两条：阿尔泰山和祁连山。南北走向的山脉主要有两条，分布在西南和西北，分别是横断山脉和贺兰山脉。弧形山系由几条并列的山脉组成，基本上由东西走向转为南北走向，与横断山脉相接。中国大的地貌单元都被山脉环绕其间，如高原、盆地等。

西北五省区（陕、甘、宁、青、新）总面积占中国国土面积的30.9%。五省地域毗连，均处于中国内陆和亚欧大陆腹地，除陕西南部和关中平原外，多属温带大陆性干旱和半干旱气候，年降水量40~600毫米不等，是中国戈壁和沙漠地貌集中的省区（以及内蒙古西部）。这里森林覆盖率低、土壤侵蚀日趋严重、水土流失面积继续扩大、草原退化日益严重、天然水域缩小、土地沙化面积不断扩大，生态环境极其恶劣。

丘陵

中国丘陵较多，特别在东部地区分布广泛。自北而南，有辽东丘陵、山东丘陵、东南丘陵等。这些丘陵海拔在200~500米之间，多已开辟为梯田、果园，或栽培经济林木。东部丘陵区，有少数挺拔峻峭的山峰，海拔超过1000米，耸立在平原、低丘之上，如山东泰山、安徽黄山、江西庐山等。两广丘陵的石灰岩地区，岩溶地形发育。广西境内的漓江两岸，峰林奇异、江水青碧，构成著名的“桂林山水”风景区，这些都属于丘陵地貌。

戈壁・沙漠

蒙古语和满语中“戈壁”是指内蒙古高原上地面较为平坦、气候干旱、植被稀少的广大地区的石质荒漠和半荒漠平地。中国的戈壁广泛分布于温都尔庙—百灵庙—鄂托克旗—盐池一线以西北的广大荒漠、半荒漠平地。总面积约为50多万平方千米。

沙漠仅仅指荒漠、半荒漠和干草原地沙地。中国沙漠总面积约70万平方千米。如果连同50多万平方千米的戈壁在内，总面积为128万平方千米，占全国陆地总面积的13%。中国沙漠大都集中在西北干旱区，面积达全国沙漠总面积的80%。主要沙漠有塔克拉玛干沙漠、古尔班通古特沙漠、巴丹吉林沙漠、腾格里沙漠以及库姆塔格沙漠等。

地震带

中国地震多呈带状密集分布，是多地震的国家之一。西部地震频繁，震中分散；东部地震活动不如西部频繁，但是地震活动区延续的时间较长。台湾省是一个例外，地震活动频率最高，强度大，而且震中密集。中国的破坏性地震多为浅震。除浅源地震外，在帕米尔、新疆、西藏、台湾省东南沿海地区，还有中源地震分布。在东北部的吉林省和黑龙江省地区，还有少数深源地震。

中国地震带分布如下：东南沿海及台湾地震带；北起沈阳，向南经辽东半岛、渤海湾、山东郯城、安徽庐江，最南可到湖北黄梅的地震带；燕山南麓，华北平原两侧与太行山东麓、山西中部的一连串盆地和渭河盆地；贺兰山、六盘山，向南横越秦岭，通过甘肃文县，沿四川盆地的西北和西缘，直至滇东地区，是中国东西两部地震活动区的分界线；喜马拉雅—滇西地区，是地中海—南亚地震带经过中国的部分；从西昆仑至祁连

酒泉地震带峡谷

山和河西走廊是地震分布带；新疆帕米尔至天山南北也为地震活动带。

火山群

中国火山活动可分为两个带：东部活动带和西部活动带。东部火山有五大连池火山群、长白山火山、大同火山群、台湾大屯火山群、广东雷琼及安徽、江苏等地区的火山；西部包括腾冲火山群和新疆等地区的火山。中国最早有记录的活火山是山西大同聚乐堡的昊天寺，据《山海经》记载公元5世纪时还在喷发。

五大连池火山群是至今仍在活动的火山。这群火山大多呈现出截顶圆锥形，少数为复合截顶圆锥形。火山锥的海拔为355～597米。相对高度，即超出当地河沟标高的高度60～147米，火山口直径约240～500米，火山口的边部大多有缺口，火山的规模一般较小。其中药泉山火山周围，至今多处仍涌出含硫、氡等物质的泉水。因为这种泉水能有效治疗多种疾病，当地人称为“药泉”。老黑山和火烧山在1719年～1721年曾喷发大量熔岩，现在仍可看到火山喷发形成的熔岩地貌，如绳状、枕状和球状等形态。

台湾省周围岛屿绝大部分属于火山岛。其中澎湖群岛的岩石构成较特殊，因南海曾短期海底扩张所造成，为玄武岩。其余皆属安山岩。龟山岛最近一次喷发距今约7000年，目前仍有火山活动。

腾冲火山群位于横断山脉南段的高黎贡山西侧，南北长约87千米，东西宽约33千米，集中分布在腾冲县城至马站街一带。腾冲地区有70余座火山。其中呈截锥形的火山，一般顶部有漏斗状火山口，火山底部直径由数百米至千米左右，高十余米至数百米。火山口的深度达数十米至百余米。此类火山有黑空山、打鹰山、城子楼、小空山等。腾冲地区火山近期活动的形式主要为强烈的水热活动。在热泉喷出的气体中，含有大量的水蒸气、二氧化碳、硫化氢、二氧化氮等气体。在喷泉、喷气活动的同时，经常发生水热爆炸、地吼、地哼和泥火山喷发、泥塘翻滚等现象，有些地方还生成多种温泉。

位于台湾的东北亚最高峰玉山的高度不断成长。从1999年“9·21”地震到现在，已经长高了9厘米。受菲律宾板块与欧亚板块推挤影响，玉山每年还会上升2～3厘米。

中国水系

中国水系的分布很不均匀，东部季风区的河流多而长，河网密度一般都超过0.3千米/平方千米。其中密度最大的为长江三角洲。西北地区和藏北高原内流流域内，河流少而小，且多单独流入盆地，缺乏统一的大水系。河流一部分注入海洋；另一部分流入封闭的湖沼或消失于沙漠，不与海洋沟通。划分中国内外流域的主要分水界北起大兴安岭西麓，经内蒙古高原南缘、阴山、贺兰山、祁连山、日月山、巴颜喀拉山、念青唐古拉山和冈底斯山，向西直抵国界。在中国外流流域中，太平洋流域面积约占全国总面积的56.7%。中国主要的大河，如黑龙江、海河、黄河、淮河、长江、珠江等均属这一流域；印度洋流域的面积居第二位，约占全国总面积的6.5%。这一流域的河流主要有怒江、雅鲁藏布江等。北冰洋流域面积只占全国总面积的0.5%，偏处于中国西北一隅。

长江

长江发源于青藏高原唐古拉山脉主峰各拉丹冬雪山的西南侧。干流流经青海省、西藏自治区、四川省、云南省、重庆市、湖北省、湖南省、江西省、安徽省、江苏省和上海市等11个省、市、自治区，在上海市注入东海。是中国第一大河，全长约6300千米，居世界第三位。流域面积180多万平方千米，约占全国土地总面积的1/5，平均年径流总量8931亿立方米。长江上源位于昆仑山和唐古拉山之间，这里河流众多，较大的有楚玛尔河、沱沱河和当曲3条。沱沱河与当曲汇合后称通天河，南流到四川省宜宾市称金沙江，宜宾以下始称长江，扬州以下旧称扬子江。

长江水系北部以秦岭、伏牛山、桐柏山、大别山与黄河、淮河为界；南部以南岭、黔中高原、大庾岭、武夷山、天目山与珠江及浙闽水系为界。可能开发利用的水力资源约可装机1.97亿千瓦，年发电量约1万亿千瓦，占全国可能开发水能资源的53.4%。长江流域降水丰富，但时空分布不均。汛期暴雨集中时，易发生洪涝；降水与作物需水

长江三峡

长江三峡是瞿塘峡、巫峡和西陵峡三段峡谷的总称。西起重庆奉节的白帝城，东到湖北宜昌的南津关，总长139千米。图为瞿塘峡。

不相适应时，又导致旱灾。流域降水一般在中下游南岸支流，5～6月出现高峰，宜昌以上及汉江7～8月来水最多，因此可以相互错开，不致形成过大的洪峰。当天气反常的时候，上游与中下游的洪水相互遭遇，就会形成峰高量大的流域性大洪水，如1998年中国所遭受的大洪水，即属此类。

黄河

黄河古代称为“河”，汉书中始称黄河，因河水黄浊而得名，是中国第二大河，发源于青海省巴颜喀拉山北麓约古宗列盆地，流经四川省、甘肃省、宁夏回族自治区、内蒙古自治区、陕西省、山西省、河南省等，在山东省垦利县注入渤海，全长5464千米。黄河干流可以分成3段：从河源至内蒙古境内的河口镇为上游；河口镇至河南省桃花峪为中游；桃花峪以下为下游。黄河下游从孟津开始，流入华北平原，水流缓慢，泥沙淤积，河床一般均高于地面2～5米，两岸筑有大堤，黄河又成为高出地面的“地上河”。黄河流域西起巴颜喀拉山，东临渤海，北界阴山，南至秦岭，流域面积达75.24万平方千米，大部分属于干旱的大陆性气候区。降水年内分配不均，多年平均降水量476毫米，大约60%的降水量集中在6～9月，径流的补给主要靠降水。

黄河流域及下游沿河地区水利资源丰富，干流水力资源蕴藏量达40548万千瓦，可开发量达2800万千瓦，主要集中在中上游地区。流域内地下矿藏品种多、储量大。因为流经黄土高原，水土流失严重，所以河水含沙量增大，每立方米平均含沙量达37千克，最大含沙量达650千克，是世界上含沙量最大的河流。以河南省郑县为例，黄河平均每年要将15.7亿吨的泥沙夹带、流经这里。而世界上其他含沙量较多的大河，平均每立方米含沙量最多也不足3千克。

黄河上游河段号称水力资源的“富矿区”，蕴藏着丰富的水力资源。平均年发电量近600亿千瓦时；宁蒙河段平静地流淌，灌溉着两岸的农田，素有“天下黄河富宁夏”的说法；在中游河段的陕晋峡谷劈开万仞山，形成了黄河上最长的一段连续峡谷河段。图为位于黄河中游的壶口瀑布。

大运河

举世闻名的京杭大运河，是世界上开凿最早、最长的一条人工河道。从公元前486年始凿，至公元1293年全线通航，前后共持续了1779年。在漫长的岁月里，主要经历三次较大的兴修过程：第一次是公元前5世纪的春秋末期。当时统治长江下游一带的吴王夫差把长江水引入淮河，成为大运河最早修建的一段。全长170千米，因途经邗城，故得名“邗沟”；第二次是7世纪初隋朝统一全国后，开凿从洛阳经山东临清至河北涿郡（今北京西南）长约1000千米的“永济渠”，洛阳到江苏清江（淮阴）长约1000千米的“通洛渠”，以及江苏镇江至浙江杭州（当时的对外贸易港）长约400千米的“江南运河”。

杭州运河位于京杭大运河南端，孕育了杭州城、围就了杭州西湖，扩大了杭州地域，也奠定了杭州文化的基础。

同时对邗沟进行了改造。这样，洛阳与杭州之间全长1700多千米的河道，可以直通船舶；第三次是13世纪末元朝定都北京后，先后开挖了“洛州河”和“会通河”，把天津至江苏清江之间的天然河道和湖泊连接起来，清江以南接邗沟和江南运河，直达杭州。北京与天津之间，新修“通惠河”。这样，新的京杭大运河比绕道洛阳的大运河缩

大运河无锡段全长近40千米，水上吞吐量相当于沪宁高速公路的五六倍，现在已成为无锡集经济、景观和交通枢纽“三带合一”的黄金水上通道。

短了900多千米。

大运河北起北京，南达杭州，由人工河道和部分河流、湖泊共同组成。全程可分为七段：通惠河，北京市区至通州区，连接温榆河、昆明湖、白河，并加以疏通而成；北运河，通州区至天津市，利用潮白河的下游挖成；南运河，天津至临清，利用卫河的下游挖成；鲁运河，临清至台儿庄，利用汶水、泗水的水源，沿途经东平湖、南阳湖、昭阳湖、微山湖等天然湖泊；中运河，台儿庄至清江；里运河，清江至扬州，入长江；江南运河，镇江至杭州。共流经北京、河北、天津、山东、江苏、浙江等6个省、市，沟通了海河、黄河、淮河、长江、钱塘江五大水系，全长1794千米。在中华民族的发展史上，大运河作为南北的交通大动脉，曾起过“半天下之财赋，悉由此路而进”的巨大作用。

湖泊

中国是多湖泊国家，约有天然湖泊2.49万个，面积在1平方千米以上的天然湖泊即

中国幅员辽阔，区域地理环境千差万别。处于不断变化和发展过程中的湖泊，或因地理环境的差异，或因形成和发育阶段的不同，在湖泊地貌、湖泊水文、湖泊化学和湖泊生物诸方面均有不同。既有浅水湖泊，又有深水湖泊；既有淡水湖泊，又有咸水湖和盐湖。湖泊的形成必须具备湖盆（洼地）和水体（洼地中所蓄积的水量）这两个最基本条件，缺一不可。图为藏南羊卓雍错。

东北是中国最大的淡水沼泽分布区，沼泽类型复杂，泥炭沼泽发育，以森林沼泽化、草甸沼泽化为主。此外，较大湖泊的周围和外流河或内流河的中下游河段，一般都有宽窄不等的芦苇沼泽分布。

达2800多个，1000平方千米以上的大湖有13个，总面积约8万平方千米。东部多淡水湖，面积为3.6万平方千米，占总面积的45%左右。中国著名的五大淡水湖是鄱阳湖、洞庭湖、太湖、洪泽湖、巢湖。鄱阳湖是中国第一大淡水湖，位于江西省，面积3960平方千米；洞庭湖是中国第二大淡水湖，位于湖南省，面积2740平方千米；太湖位于江苏省，面积2338平方千米；洪泽湖位于江苏省，面积1851平方千米；巢湖位于安徽省，面积753平方千米。西部多咸水湖，著名的有青海湖等，青藏湖区是世界上海拔最高的湖区。中国最深的湖泊是位于长白山主峰白头山的天池，湖水深达373米。

中国的湖泊绝大部分属中、小型，分布范围广而不均匀，主要分布在长江中下游平原和青藏高原、内蒙古高原、云贵高原。柴达木盆地和准噶尔盆地湖泊分布亦多，长江上游、珠江流域和浙闽丘陵等地区湖泊寥寥无几。按湖泊的地理位置，可将中国湖泊分为东北、蒙新、青藏、东部和云贵5大湖区。根据各地民族语言的译音和习惯，称谓

约有30种。一般在太湖流域将湖称为荡、漾和塘；松辽地区称泡或咸泡子；内蒙古称诺尔、淖或海子；新疆称库尔或库勒；西藏称错或茶卡。

沼泽

中国沼泽主要分布在东北的三江平原、大兴安岭、小兴安岭和长白山区，其次分布在青藏高原、云贵高原、天山山麓与阿尔泰山区及各地的河滩、湖滨、海滨一带。总面积约11.3万平方千米。中国早在战国时代，已把水草所聚之处称为“沮泽”。长江流域的古云梦大泽、古太湖、苏北里下河地区等，古代都曾为大面积的湖沼地区。

沼泽是一种特殊的自然综合体。中国有很多泥炭积累的沼泽地。按有无泥炭积累，可划分为泥炭沼泽和潜育沼泽两大类。泥炭沼泽的泥炭层厚度不大，多为数十厘米至两米左右；潜育沼泽土层严重潜育化，多有较厚的草根层，但无泥炭积累，土壤表层有机质含量在10%左右。目前，中国的沼泽大部分处于富营养发育阶段，贫营养沼泽很少，而且处于地势低平、丰水地段，是中国进一步扩大耕地面积的重要对象，但是需要改良。还有的沼泽地区生长了多种牧草，适宜开辟为牧场。

冰川

中国的冰川都是山岳冰川，包括有悬冰川、冰斗冰川、山谷冰川、平顶冰川，是世

中国冰川集中分布在西部地区，以青藏高原为核心的高亚洲地区的冰川总计46298条，冰川面积59406平方千米，储量5590立方千米。由于气候不断变暖，20世纪中叶以来，大多数冰川处于强烈退缩状态。据研究，高亚洲地区冰川面积近40年来平均减少了7%。中国冰川目前年融水径流总量占全国径流总量的2%，占西部地区径流量的10%，接近黄河年径流总量。

新疆天山附近的冰川带

界中、低纬度山岳冰川最发达的国家之一。

在中国西部的许多高山和青藏高原上，发育有千万条冰川，是内陆干旱区的重要水资源，也是亚洲众多大河的发源地。冰川主要分布于北起阿尔泰山，南到云南玉龙雪山，东至四川雪宝顶，西达帕米尔边境的严寒山脉附近。规模较大的冰川多分布于青藏高原边缘山地，如昆仑山、喜马拉雅山、念青唐古拉山和天山等。高原内部的冰川规模较小，多为孤立的冰川群。

中国冰川的活动层温度较低，冰川流动缓慢。1万米以下的冰川表面每年平均流速不超过30米，比世界其他同纬度山地冰川流速低得多。但是西藏东南部的山地冰川属季风海洋性气候，因此流速较快，高出其他冰川数倍。冰川得以积累主要靠暖季的频繁降水，而暖季同时也是冰川消融最快的季节。因此，暖季是冰川活动和发生变化较为明显的季节。

海岸

中国濒临西北太平洋，大陆海岸线自鸭绿江口至北仑河口，长达1.8万多千米，如果加上5000多座大小岛屿的海岸线，总长3.2万多千米。中国的海岸可分为3种类型：平原海岸、山地丘陵海岸和生物海岸。平原海岸包括三角洲与三角湾海岸、淤泥质平原海岸及砂质或砾质平原海岸等3类，如黄河三角洲、杭州湾三角洲等；山地丘陵海岸有岬湾式海岸和断层海岸，山东半岛和辽东半岛属岬湾式海岸，台湾岛东海岸多数是悬崖峭壁，只有少数平原，是典型的断层海岸，也是世界上最高的断层海岸；生物海岸分为珊瑚礁海岸和红树林海岸两类。中国的南海诸岛和澎湖列岛就是珊瑚礁海岸；红树林海岸分布在广东、广西、海南3省沿岸，大都生长在海湾中，尤其以海南岛的红树林最为茂盛，是中国最大的一片红树林保护区。

岛屿

中国辽阔的海域上分布着5000多个岛屿，总面积约8万平方千米。中国的岛屿分

海南的环岛海岸线长达1580千米，处处椰林树影，海水未受污染，水清沙细，海滩宽平。三亚大东海海滩是海南著名的海滩之一。数千米长的沙滩，在蔚蓝的天空下，青山与碧海互相辉映，是南方沿海的度假胜地。

台湾西海岸因地势平缓，加上河流自上游带往河口的丰富泥沙，往往形成面积广大的湿地。这些湿地可以截留河水所带来的丰富有机质，再加上淡、咸水交界的特性，使得湿地的生产力高于一般生态系统，更形成了湿地丰富多样的生命世界。

布不均：若以海区分布的海岛数而论，东海最多，南海次之，黄海居第三位，渤海中岛屿最少；若以各省（区、市）岛屿分布的数量而论，第一位是浙江省，其次是福建省，往下依次是广东省、广西壮族自治区、山东省、辽宁省。所有的岛屿面积相去甚远，其中台湾岛最大，面积为3.58万平方千米；海南岛次之，为3.39万平方千米。这两大岛屿素有“宝岛”之称，不仅物产丰富、经济发达，而且风光美丽，是所有岛屿中两颗最光彩夺目的明珠。崇明岛位居第三，面积为1083平方千米。位于台湾岛东北海面上的钓鱼岛、赤尾屿，是中国最东的岛屿。南海共有200多座岛、礁、滩、暗沙，分属东沙、西沙、中沙、南沙4个群岛。另外，还有庙岛群岛、长山群岛、舟山群岛、澎湖列岛等等，都是中国的重要岛屿。这些岛群及其所属各岛，自古以来就是中国领土的一部分。随着中国经济建设的发展，它们将会发挥越来越大的作用。

海峡

中国的海峡自北起有渤海海峡、台湾海

峡、琼州海峡。

渤海海峡是中国的内海海峡，地处辽宁省南面，准确地说是指老铁山和山东半岛之间的水道，其最近的距离为109千米，连接西部渤海和东部黄海。渤海海峡中众多的岛屿把海峡分割出许多大致呈东西走向的水道，好像刀子一样把海峡切成了许多段。潮流长期的反复来回冲刷，使得原本浅浅的水道被切割得又陡又深。现今的渤海海峡中较大的水道有6条：老铁山水道、小钦水道、大钦水道、北砣矶水道、南砣矶水道和登州水道。

台湾海峡位于中国东南部，不仅是台湾与福建的自然分界线，也是东海和南海的连接点。与渤海海峡不同的是，它是岛屿与大陆之间的水道。南北全长500多千米，东西宽150多千米，平均水深60米，南高北低，由东西向中部倾斜。海峡南部的澎湖列岛由64个大小岛屿和许多浅滩、暗礁组成，这些岛屿是因海底火山喷发而形成的。海峡南部的台湾浅滩中部地势略高，向四周倾斜，是台湾海峡最浅的浅滩地形。

在中国华南地区，海南岛与广东省雷州半岛中间隔着一条水道，这便是琼州海峡。海峡东西长约80千米，南北平均宽度为29.5千米，是中国的三大海峡之一，因海南岛又名琼州岛而得名。琼州海峡连通北部湾和珠江口外海域，是海南省和广东省的自然分界。海峡两岸的海岸线曲折，呈锯齿状，岬角和海湾犬牙交错，海底基本上是个潮流通道，其大体组成为一个中央潮流深槽及东西两端两个潮流三角洲。与渤海海峡、台湾海峡比较，琼州海峡有4点相异之处：地理纬度低、是岛屿与半岛之间的水道、海峡海底地形是一个潮流深槽、海峡中没有岛屿。

台湾海峡中部、西侧近岸水深小于50米，是浅水区。乌丘水槽由西岸向东南穿过澎湖列岛和台湾浅滩，与澎湖水道的上游相接。海峡北部地形相对较平缓，水深从40米逐渐过渡到80米。海峡东西两岸岸坡较陡，尤其是东岸、西北岸，岸边水深即70米，而在台湾北岸的岸边水深可达100米。

中国气候

中国国土辽阔，从南到北兼有热带、亚热带、暖温带、温带、寒温带等几个不同的气候带。其中亚热带、暖温带、温带约占70.5%，并拥有青藏高原这一特殊的高寒区。南部的雷州半岛、海南省、台湾省和云南南部全年无冬，四季高温多雨；长江和黄河中下游地区，四季分明；北部的黑龙江等地区，冬季严寒多雪；广大西北地区，降水稀少，气候干燥，冬冷夏热，气温变化显著；西南部的高山峡谷地区，从谷底到山顶，呈现出从湿热到高寒的多种不同气候。此外，中国还有高山气候、高原气候、盆地气候、森林气候、草原气候和荒漠气候等多种具体气候。

大陆性季风气候

大陆性季风气候是中国的典型气候，有三个主要特征：其一，气温年较差和日较差较大，冬夏极端气温较差更大；其二，降水分布很不均匀。主要表现在年降水量自东南向西北逐渐减少，比差悬殊。在季节分配上，冬季降水少，夏季降水多，且年际变化很大；其三，冬夏风向更替十分明显。冬季冷空气多吹偏北风，寒冷干燥，每逢冬季，中国东部地区比同纬度的世界各地气温都低；夏季风主要来自海洋，多偏南风，湿润温暖。另外，雨季的规律性明显：降雨时南方早于北方，东部早于西部；雨季结束时刚好相反，北方早、南方迟，西部早、东部迟。

气温

与地球上的同纬度地带相比，中国冬寒夏热，气温年较差很大，而且越向内陆越明显。黑龙江省漠河地区属寒温带气候，而曾母暗沙属赤道气候，南北气温相差悬殊。在高度变化较大的地区，年均温差也很大，形成垂直气候带。东北地区主要是由于受大陆季风影响所致。夏季7月，最北端的漠河与最南端的西沙温差也仅为10℃左右；闭塞的盆地及内陆低洼地区会出现高温中心。吐鲁番盆地是中国著名的“火洲”，其7月均温达

气候是植物生长的重要因素。春季气候适宜，因此花繁叶茂。

32.8℃。总体来说，冬季除青藏高原外，有3/4地区受寒潮影响，出现不同程度的低温和霜冻。夏季最热月多出现在7月份，仅少数地区，如雅鲁藏布江谷地、海南岛部分地区及滇南的最热时期出现在5月或6月。

降水

中国各地雨热同季，降水变化较大。年雨量从西北向东、向南逐渐增加，起于东北地区大兴安岭，止于西南与不丹边境的500毫米等雨量线，大致把中国分为西北和东南两半。西北内陆与海洋相隔遥远，加上重重山岭阻隔，是中国雨量最少的地方。塔里木盆地、柴达木盆地边缘的许多地区年雨量均在20毫米以下，沙漠地区甚至终年不雨。东北长白山区年雨量多时可达1000毫米；长江中下游以南都在1000毫米以上；东南沿海、台湾、海南岛等许多地方雨量还超过了2000毫米；中印边境东段有些地区年雨量在4000毫米左右，是中国大陆上雨量最多的地方；台湾省的火烧寮平均年雨量达到6558毫米，是中国平均年雨量的最高纪录。

梅雨

梅雨是江淮流域的重要气候特征。每年的春末夏初时，江淮流域的降雨特别充沛，湿度大，日照短。此时正是江南梅子黄熟时节，所以得名梅雨。中国近代气象学的创始

由于气流的变化较大而形成的雾海

四川米亚罗秋景

干旱少雨的气候导致的部分地区缺水，土地长年龟裂。

人竺可桢就对梅雨进行过研究。梅雨主要发生在湖北宜昌以东，大都从6月中旬～7月上旬，一般维持1个月左右。但是每年梅雨的情况不同，发生的时间前后可差40天之多。梅雨稳定时容易引起洪涝灾害。但有时整个的梅雨时期内降雨极少，俗称空梅或少梅，易造成干旱。

寒潮

寒潮是中国每年9月～翌年5月危害较大的灾害性天气。当寒潮发生时，常使沿途地区剧烈降温，并造成大风、雨雪等天气。由寒潮所引起的降温分布受地形的影响很大。一般而言，西北、华北、东北的北部是受寒潮影响较强的地区，过程降温值平均12～14℃；对南方的影响通常弱于北方，但江南的南部和华南北部的南岭一带，受寒潮影响程度同北方相同，南岭一带甚至更强。平均而言，中国每年的寒潮在6次左右，多数集中在10月～翌年4月，9月和5月次之。

台风

台风是发生在热带海洋上强烈的气旋性涡旋。中国南海北部、台湾海峡、台湾省及其东部沿海、东海西部和黄海均为台风通过的高频区。在中国登陆的台风有季节性，台风的强度随季节变化而有所差异。最大风速大于50米/秒的特强台风出现的次数以9月份为最多，其次为10月，再次是11月和8月。台风有其利于农业生产的一面，可解除干旱或缓和旱象，但是也带来了强风、暴雨和风暴潮，对人民生命财产威胁严重。中国各省、市、自治区除新疆外，均直接或间接受台风影响而产生暴雨。中国近海15个省市中，11个省市最大雨量的影响系统是台风。台风降雨是影响中国降水系统的重要因素之一。

飓风是中国沿海较大的自然灾害之一，多发生在福建省及台湾省一带。

自然资源

自然资源主要包括土地资源、气候资源、水资源、森林资源、动植物资源、能源和矿产资源等几大类。中国地大物博，自然资源十分丰富。中国山地多，平地少，干旱、高寒区域大，耕地发展受限制，开发梯田就成为人们利用土地的最好途径。中国有丰富的气候资源，但因强盛的季风气候和复杂多样的地形，增大了气候资源分布的时空差异，季候风盛行使水资源的时空分布极不均匀，水旱灾害频繁，而且资源质量差别悬殊。中国幅员辽阔，还拥有大量的珍稀动植物和珍贵的矿产资源。

土地资源

中国陆地面积约960万平方千米，占全世界陆地面积的6.4%，是世界上国土面积最广阔的国家之一。而在复杂多样的生态环境中，中国的土地资源草原多、耕地少、林地比例小、难利用土地比例大。但土地资源进一步充分合理利用的潜力仍很大，除现有草地、耕地和林地外，全国还有约33万平方千米的宜农荒地、60多万平方千米的草山草坡和90多万平方千米的宜林荒地、荒地和疏林地有待开发利用。丰富的土地资源利用类型较多，有两个显著的地理特色：海拔较高、起伏较大的丘陵和山地所占的面积超过平原和高原；耕地是土地资源利用的最重要类型。中国的耕地主要分布在半湿润和湿润的平原、盆地和低缓的丘陵地区。北方以旱地为主，南方以水田为主。草地主要分布在北方干旱和半干旱的高原、山地以及青藏高原区。而现有林地主要集中在东北和西南交通不便的深山区和边疆地区。

水资源

中国河川径流总量为27115亿立方米，

西南地区丰富的红土地中富含大量的铁资源。

中国森林主要在东北和西南，林龄结构以幼龄林、中龄林和人工林为主。

地下水资源量为8288亿立方米，由于地表水与地下水可以互相转化，因此两者之间有一部分重复量，经计算这部分重复量为7279亿立方米。扣除重复水量后，全国水资源总量为28124亿立方米。中国水资源的分布情况是南多北少，东多西少，时空分布不均。中国水能资源蕴藏量达6.8亿千瓦，可开发的水能装机容量约3.8亿千瓦，居世界第一位。70%的水资源分布在西南4省市和西藏自治区，其中以长江水系为最多，其次为雅鲁藏布江水系。黄河水系和珠江水系也有较大的水能蕴藏量。目前，已开发利用的地区集中在长江、黄河和珠江的上游。中国河流普遍具有丰、枯水段交替循环的现象和连续几年丰水和枯水的现象。一般北方河流持续时间较南方河流持续时间长，丰、枯水段径流量的增减幅度也较大。但是中国大河丰、枯水呈现的情况非常复杂，历史上曾多次出现“南旱北涝”的情况。

森林资源

中国森林面积207.69万平方千米，资源数量少，地区分布不均。幅员辽阔的中国由于各地自然条件的差异，加之植物种类繁多，森林植物和森林类型极为丰富多样。东北地区是中国主要天然林区，多为针叶林及针阔叶混交林，经过采伐更新和人工改造经营，人工林的比重逐渐增加。青藏高原的东南部是中国的第二大林区，主要是亚高山针叶林和针阔叶混交林。这里是长江许多支流的上游，森林涵养水源的作用相当重要。南方山区面积大，气候条件好，具有林业生产潜力，中国的特有树种多原产于此。华北地区林木散生，需要大力保护和培育森林，保持土壤。此外还有华南的热带季雨林、西北的胡杨林、云杉林等。中国政府一直都很重视植树造林、水土保持工作，积累了丰富的造林、营林经验，培育了大面积的人工林，特别是南方山区的杉木林和竹林。

自然保护区

中国目前的自然保护区呈大分散、小集中的局面。大部分分布于东部地区，南亚热带和中亚热带也是主要分布区，仅浙江省西境就有4个自然保护区。温带的保护区多分布于东北三省境内，并且偏居东部山地。热带保护区在中国面积不大，主要集中于海南和云南两省。

扎龙自然保护区内芦苇沼泽广袤辽远，湖泊星罗棋布，苇草肥美，鱼虾丰盛，是鸟类繁衍的“天堂”。保护区栖居鸟类150多种，其中鹤的种类多、数量大，素有“鹤的故乡”之称。

中国的自然保护区根据保护对象的不同分为4类：生物型自然保护区，如辽宁蛇岛自然保护区、四川卧龙保护区；综合型自然保护区，如长白山自然保护区、阿尔金山自然保护区；自然风景型自然保护区，如四川九寨沟自然保护区、庐山自然保护区；自然历史遗迹型自然保护区，如黑龙江的五大连池自然保护区、山东的古生物化石自然保护区等。

大熊猫是中国特有的野生动物，被誉为珍稀奇兽，在人们心中是吉祥友谊的象征，也是和平友好的使者。

植物资源

中国幅员广阔，地形复杂，植被种类丰富，有高等植物3.28万种，分布错综复杂。在东部季风区，有热带雨林、热带季雨林、南亚热带常绿阔叶林、北亚热带落叶阔叶常绿阔叶混交林、温带落叶阔叶林、寒温带针叶林，以及亚高山针叶林、温带森林草原等植被类型。在西北部和青藏高原地区，有半干旱草原、干旱草原、半荒漠草原灌丛、干荒漠草原灌丛、高原寒漠、高山草原草甸灌丛等植被类型。植物种类多，据统计，中国境内有种子植物300个科、2980个属、24600个种。其中被子植物2946属。比较古老的植物约占世界总属的62%。有些植物，如水杉、银杏等，在世界其他地区现在已经绝灭，都

四川长宁竹海中拥有世界罕见的千年竹林林海生态系统，分布着丛生竹、散生竹、混生竹等各类竹种500多种。

黑脸琵鹭是大型涉禽，身上长满白色羽饰，鸟喙形状独特，成匙状，又似琵琶。脸呈黑色，皮肤裸露。属濒危物种，估计现在全球数目约1000只，仅在东亚地区出现。

是仅存于中国的“活化石”。种子植物兼有寒、温、热三带的植物，种类比全欧洲还多。从用途来说，用材林木1000多种，药用植物4000多种，果品植物300多种，纤维植物500多种，淀粉植物300多种，油脂植物600多种，蔬菜植物也不下80余种，是世界上植物资源最丰富的国家之一。

动物资源

中国是世界上动物资源最为丰富的国家之一。据统计，全国陆栖脊椎动物约有2070种，占世界陆栖脊椎动物总数的9.8%。其中鸟类1170多种、兽类400多种、两栖类184种。中国大陆的动物区系分属于两个界。南部约在长江中、下游流域以南属东洋界，为

亚洲东部热带动物现代分布的中心地区。北部自东北经秦岭以北、内蒙古、新疆至青藏高原地区属古北界，为旧大陆寒温带动物的现代分布中心地区。两大界动物也有相互渗透，形成广泛的过渡地带，两界之间的分界不确定。中国海南和台湾两岛动物科类与大陆相似，但因地理环境孤立，种类较贫乏，有某种特有种和亚种的分化。中国存在不少珍稀动物，如大熊猫、金丝猴、扬子鳄等，为保护这些野生动物及其生态环境，已建立了一系列自然保护区。

能源资源

中国能源蕴藏丰富。煤炭地质储量约占世界总储量的12%，居世界第三位。水力资源占世界总量的30%，理论蕴藏量6.76亿千瓦，居第一位。石油和天然气资源丰富，经普查勘探表明，石油的地质储量要比已探明储量大得多。现已探明资源储量中，石油35.42亿吨，天然气55221亿立方米。从煤炭、石油、天然气、水力等常规能源的资源总量来看，中国可列入世界能源资源最丰富的国家之一。煤炭是中国的主要能源，而石油可采储量的增长速度不及老油田产量的递减速度。除常规能源外，中国的新能源资源，例如核能（中国有比较丰富的核能资源，包括裂变反应的核燃料和聚变反应的核燃料。中国目前已探明铀矿床200余处，大部分铀矿资源集中在中国南部。目前已建成杭州湾秦山核电站、深圳大亚湾核电站）、太阳能、地热能、风能、潮汐能等亦有广阔的利用前景。但是中国的能源资源在地区分布上极不均衡，多分布于西部地区，经济发达地区的能源储藏极其贫乏。

矿产资源中较为名贵的水晶

位于新疆的阿尔泰地区蕴藏铁矿资源丰富，是中国铁矿开采的主要地区。

矿产资源

中国是世界上为数不多的矿产资源种类较齐全、矿产自给程度较高的国家之一。一部分矿种（矿组）的储量名列世界前茅或首位，但人均占有量却低于世界水平。中国已发现矿产173种，主要有能源矿产、黑色金属矿产、有色金属及贵金属矿产、稀有、稀土和分散元素、冶金辅助原料非金属矿产、化工原料非金属矿产、建筑材料及其他非金属矿产。中国的矿产资源依不同地质条件而有规律地分布，如云南东川铜矿、个旧锡矿、贵州汞矿、华北地区的煤矿、鞍山的铁矿、新疆阿尔泰稀有金属矿等。总体来说，中国的中低品位贫矿多、富矿少，而两种以上矿产共生在一定地质构造中的共生矿大量存在。

东北地区

东北地区

辽宁
吉林
黑龙江

东北地区旧指中国东北部3省1区所在区域，即辽宁省、吉林省、黑龙江省和内蒙古自治区东部4盟，今通指东北三省。东北地区地形复杂多变，属于温带季风型大陆性气候。民族以满、汉族为主，还有朝鲜、蒙、回等族和北方特有的游牧民族。东北自然资源较为丰富，已经探明的矿产资源就有84种。这里也是中国的商品粮生产基地和重要的木材生产基地。东北虽然冰天雪地，却有沃土良田，是个充满神奇色彩的资源宝库。

大兴安岭·小兴安岭

大兴安岭是东北地区重要的山脉，是黑龙江和嫩江的分水岭，北起黑龙江畔，南至西拉木伦河上游谷地。大兴安岭也是中国最大的林区，森林资源丰富，生长着久享盛名的兴安落叶松、樟子松、白桦、云杉等多种植物，葱葱郁郁、巨木参天，被称作“林海”“绿色的宝库”。大兴安岭的动物资源也很丰富，有西伯利亚寒带类型的狼獾、驼鹿，等等。

位于大兴安岭的五彩森林植被繁多，是东北物种较为丰富的林区。

小兴安岭是东北地区著名山地之一，为黑龙江干流与松嫩水系间的分水岭。小兴安岭大致呈西北—东南走向，地势比东部山地低，平均海拔500～1000米，基本属于低山丘陵区。这里地势和缓，河谷宽广，冻土广布，森林内古树参天、松涛滚滚，自东

冬季的小兴安岭虽然处处寒冰，红柳却依然美丽如春。

南向西北逐渐由针阔叶混交林向针叶林过渡。

乌苏里江

乌苏里江是黑龙江右岸的一大支流，也是中国东北部中俄边境上的一条重要界河。整个河道穿行于中国的完达山脉和俄罗斯的锡霍特山脉之间广阔的纵谷，全长890千米，其中流经中国边境的大约500千米，流域面积5.66万平方千米，大部分的河段都是在低平的平原上流动，穿行于低洼、沼泽湿地之中。乌拉河口以下可通航，航运条件优越。乌苏里江沿岸风景秀丽，保持了较为原始的自然风貌。

鸭绿江

鸭绿江作为中朝两国的界河，因为水的颜色深绿好似野鸭头颈而得名。它从吉林省东南中朝边境长白山主峰白头山的源头流出，西南流至丹东市东港市的鸭绿江口入海。全长795千米，分水丰湖、太平湾、虎山、大桥、东港等5个景区。区内碧绿的江水蜿蜒，江中翠岛棋布，沿岸群山叠翠，鹤鸟翱翔，景色十分秀美。1950年10月，为了援助朝鲜人民，中国人民志愿军在彭德怀元帅的指挥下，“雄赳赳、气昂昂、跨过鸭绿江”，进行了一场艰苦卓绝、可歌可泣的抗美援朝战争，最终取得胜利。

鸭绿江大桥横跨中朝两国，是连接两国对外贸易的纽带，也是两国人民友谊的象征。

北国粮仓

三江平原位于中国东北角，是东北平原的一部分，也是中国最大的沼泽分布区，由黑龙江、松花江、乌苏里江三江冲积而成。它西起小兴安岭东南端，东至乌苏里江，北至黑龙江畔，南抵兴凯湖，总面积达到5万多平方千米。这里地势低平，主要气候属于寒温带湿润、半湿润大陆性季风气候，天然植被覆盖率达到60%，有大面积的沼泽和沼化土地。广阔的地域和肥沃的土壤，使三江平原成为中国主要的农业区和商品粮基地，是东北著名的粮仓。

镜泊湖唐代称“忽汗海”，金人称“毕尔腾湖”，意为“水平如镜”，后人沿称“镜泊湖”。湖面延绵百余里，两岸峰峦延绵，林木葱茏，湖水明净碧绿，湖岸港湾众多。在镜泊山庄的高处眺望，只见湛蓝的湖水展向天边，一平如镜。

镜泊湖

镜泊湖位于黑龙江省牡丹江上游西南部山区，古称忽汗海，是由火山喷发大量玄武岩熔岩流后，阻塞牡丹江河床所形成的堰塞湖。镜泊湖湖面海拔351米，呈东北—西南走向延伸，长45千米，最宽处6千米，最窄处仅600米，面积90.3平方千米，容积16.3亿立方米。湖水深度由南往北逐渐增加，最深处达62米。在湖的南部，牡丹江及其支流的河口有三角洲发育，地势低洼，水网纵横，有大量浮游生物生存，因而适宜鱼类生长发育，盛产各种淡水鱼类。镜泊湖蕴藏着丰富的水力资源，自20世纪30年代以来，这里已经先后建成了镜泊湖发电厂和镜泊湖第二发电厂。

丹顶鹤

丹顶鹤就是俗称的“仙鹤”，是中国一级保护动物，仅分布在黑龙江齐齐哈尔等地。它体形硕大，体长在1.2米以上，白色羽毛覆盖了大部分身体，只有喉、颊和颈部为暗褐色，头顶的红冠实际上是一片裸露的皮肤形成，因此得名“丹顶鹤”。

中国丹顶鹤的主要聚居地在扎龙自然保护区，区内有500多只丹顶鹤。

东北虎的毛色淡于其他虎种，条纹呈棕色。雄虎可长到3.3米长，体重达300千克。雌虎较小，体长2.6米，体重100～160千克。

丹顶鹤栖息在泽地或沿海浅滩地带，在近水的浅滩中涉水捕食鱼、虫、虾、蟹，有时候也吃嫩草、谷物等。在中国丹顶鹤是吉祥长寿的象征，也是仙家的使者。

东北虎

虎是亚洲特产，只有一种。动物学家根据虎的分布地区，将其分为8个亚种，孟加拉虎或印度虎、里海虎、东北虎、爪哇虎、华南虎、巴厘虎、苏门答腊虎、东南亚虎。东北虎产于中国、俄罗斯和朝鲜北部，国际上又有“西伯利亚虎”“乌苏里虎”的说法。在中国，东北虎仅生活于黑龙江和吉林两省的部分地区。在这8个亚种虎中，比较个头的大小，首推东北虎，所以它也被人称作“虎中之王”。

可食用药菌猴头菇

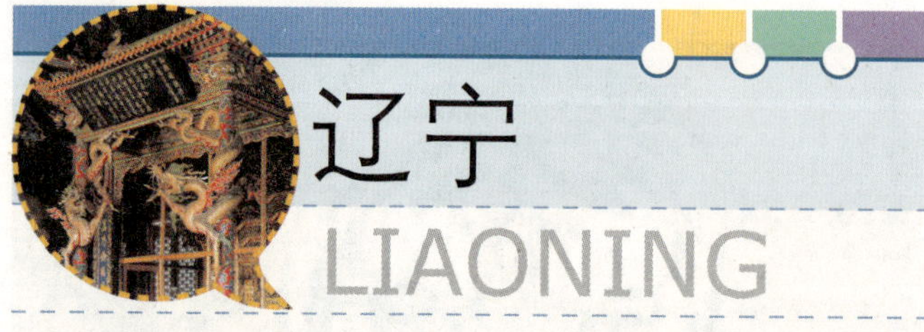

辽宁
LIAONING

辽宁省位于东北地区南部，东北接吉林省，西北与内蒙古自治区交界，西邻河北省，东南与朝鲜隔鸭绿江相望，南临黄海和渤海。辽宁省人口稠密，由于历史上的多次民族迁徙、屯田、戍边以及朝代更迭，民族成分复杂，除汉族外，少数民族人口占到16%。多民族的背景也造就了辽宁文化的多样性。历史上的辽宁，一直延续着民族间的文化交流、渗透与融合。辽宁省最主要的少数民族——满族，建立了中国历史上最后一个封建王朝。

辽东半岛

辽东半岛位于辽宁省南部，是中国第二大半岛。它的北面边界是鸭绿江口与辽河口的连线，其他三面临海。千山山脉从南至北横贯整个半岛，最高点高于1000米。辽东半岛沿海地带是平原，海中有很多岛屿，著名的有小龙岛（蛇岛），长山群岛，等等。由于海洋气候的影响，半岛上冬暖夏凉，夏季是避暑胜地。温暖的气候使半岛成为良好的水果生产地。产物有苹果、梨、桃、山楂等。其他农作物有玉米、稻、高粱、大豆、花生等。半岛上产煤。重要的城市有大连、营口、丹东等，平原海岸沿岸还有大连湾、旅顺口等良港。

辽河

辽河是东北地区南部的大河，干流全长1390千米，

辽宁大连的棒棰岛

流域面积（包括浑河、太子河）为21.9万平方千米。辽河共有东西两源，其正源为老哈河，源出河北省平泉县光头山，在苏家堡接纳西拉木伦河后称为西辽河。发源于吉林省辽源市哈达岭的一支则称之为东辽河。西辽河接纳支流教来河、新开河后于辽宁省福德店附近与东辽河相汇合，始称辽河。辽河由北向南流，沿途纳苏台河、清河、柴河、泛河、秀水河、养息牧河、柳河等。到六间房附近分为两股，分别为外辽河和双台子河。辽河历史上泥沙淤积，易造成洪涝灾害，解放后经国家全面治理，已大大减轻了水害的威胁。

笔架山俗称天桥山，从海岸到笔架山岛有一条长1620米，高出海滩的沙石路，人称天桥，像一条蛟龙随潮涨落，时隐时现，堪称一绝。

千山

千山是辽宁省的风景名胜区，也是东北名山。其西距鞍山市25千米，山体呈南

距大连西南约45千米的旅顺港是天然良港，港内水深，且终年不冻。

北向狭长伸展，属于长白山地支脉。千山各山峰平均海拔400米。最高峰仙人台海拔708米。山上有800余种植物，以暖温带落叶阔叶林为主，上部为油松，下部为栎林。保存有上万株百年以上的古松和丰富的野生动植物资源，树木植被覆盖率95%以上。环境幽静，风景秀丽。唐朝以来在此修建寺庙，经辽、金至清而大盛。山中建筑除五大禅林外，还有七观、二宫、六庵，错落分布在重峦幽壑、苍松翠柏间。北沟龙泉寺有殿阁楼亭20多处，寺内清泉常年喷流。此外千山还广泛种植梨树，盛产梨子，是东北三大产梨区之一。

沈阳故宫

清代入关前，其皇宫设在沈阳，迁都北京后，这座皇宫被称作“陪都宫

千山称积翠山，景庙交融，风格独特，被列为东北“诸山之冠”，推为辽东名胜之首，是“辽东第一山”。

沈阳故宫是举世仅有的以满族风格为主的宫殿建筑群。故宫中路的崇政殿内，设置有宝座及贴金雕龙扇面大屏风。

碱蓬地颜色红艳，珍禽翔集。大自然的随意点染，成就了盘锦红海滩这幅人间奇画。

殿”“留都宫殿”。后来就称之为沈阳故宫。沈阳故宫占地6万多平方米，全部建筑有10个院落，房屋300余间，历时100年修建完成，宫内建筑物保存完好，是清朝初期两代皇帝的皇宫。它的规模比占地72万平方米的北京故宫要小得多，但在建筑上颇具特色。沈阳故宫建筑群以崇政殿为核心，从大清门到清宁宫为中轴线，分为东路、西路、中路3个部分。沈阳故宫由后金第一代汗努尔哈赤开始修筑，是中国仅存的两大宫殿建筑群之一。

满族

辽宁省是满族人的故乡。满族旧称女真，自1911年辛亥革命后改称满族，主要分布于辽宁省与河北省。提到满族，人们自然会想到满清王朝。明朝末年，女真人努尔哈赤统一了女真各部，为后来清朝的建立奠定了民族基础。清朝建立后，历代君王都大量吸纳汉族文化，做到包容并蓄。满族在文化艺术方面同样是人才辈出，如清代著名词人纳兰性德、文学名著《红楼梦》的作者曹雪芹、著名文学家老舍等。此外还有京剧程派创始人程砚秋、相声大师侯宝林等，他们都以卓越的成就为中国文化事业的发展做出了贡献。

满族妇女穿旗袍，梳京头，戴耳环，腰间挂手帕。图为身着传统满族服饰的少妇。

吉林
JILIN

吉林省位于东北地区中部，南接辽宁省，北抵黑龙江省，西靠内蒙古自治区，东南以图们江、鸭绿江为界，与朝鲜为邻，东面与俄罗斯毗连。除了汉族之外，朝鲜族是吉林省的第二大民族，建有延边朝鲜族自治州。多民族的融合交流造就了吉林独特的文化底蕴，满族、朝鲜族文化同汉族的中原文化相互融合而成。这种文化既包含原住民如满族先民的生活习惯和习俗基础，也有后来汉族人的生活习俗，是一种具有包容性的地域文化。

吉林丘陵

吉林丘陵是长白山地的一部分，位于吉林省的中东部。丘陵由3列并行山岭组成：东为张广才岭、威虎岭、富尔岭和龙岗山脉；中为老爷岭和吉林哈达岭；西为大黑山脉。丘陵一般海拔300～600米，相对高度50～400米；超过千米的山峰很少，山势大多平缓浑圆。低山丘陵与盆地、谷地相间分布，盆地、谷地较宽阔，如吉林、梅河口、桦甸、蛟河、新站等，均以富庶著称，被誉为“山间谷仓”，是吉林省开发较早的地区。坡地以旱田为主，多种植玉米、大豆。沟谷平原多辟为水田，是省内主要水稻产区。林副业发达，多养鹿养蜂、种植烟草和人参。

松花江

松花江是黑龙江最大的支流。全长1900千米，流域面积54.56万平方千米。松花江在吉林省境的主要支

乡村农田景色

吉林的森林资源丰富，植被众多。图为吉林秋景。

松花湖位于距吉林市东南24千米处，是截江形成的人工湖。湖面长200千米，宽10千米，最深处达75米。

流有辉发河、饮马河、伊通河、呼兰河等。松花江流域范围内山峦重叠，满布原始森林，是中国面积最大的森林区。矿产蕴藏量也非常丰富，除主要的煤矿外，还有金、铜、铁等矿产。松花江流域土地肥沃，盛产各种粮食作物，也是中国东北地区的一个大淡水鱼场，每年供应的各种鱼类达4000万千克以上。松花江虽然只是黑龙江的支流，但对东北地区的工农业生产、内河航运、人民生活等方面的经济和社会意义都超过了黑龙江和东北其他河流。

长白山南北两条锦江峡谷基本上平行，谷底都有清澈透明的溪水，峡谷中的原始森林覆盖着厚厚的苔藓，尚处于原始状态。

松花江上游的正源白河，发源于白头山天池，在西北流至嫩江，汇合后始称松花江。

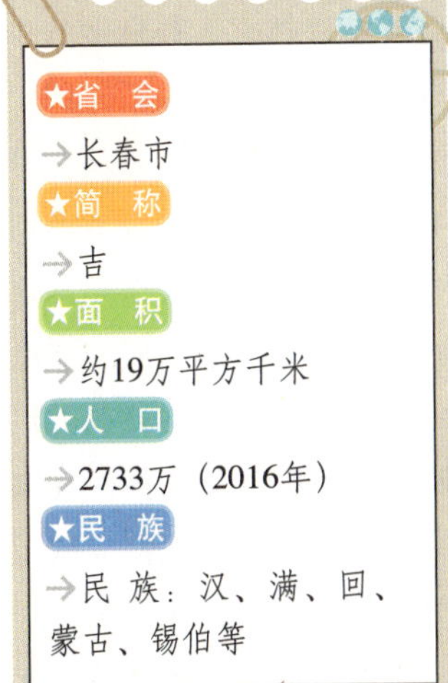

★省　会

→长春市

★简　称

→吉

★面　积

→约19万平方千米

★人　口

→2733万（2016年）

★民　族

→民　族：汉、满、回、蒙古、锡伯等

图们江

图们江位于吉林省东南边境，是中国与朝鲜民主主义人民共和国的界河，也是延边朝鲜族自治州第一条大河流，满语原称“图们色禽”。“图们”意为“万”，“色禽”意为“河源”，即万水之源的意思。它源于长白山主峰东麓，在吉林省境内江流长490.4千米，流域面积22639平方千米。图们江上游山林茂密，多峡谷峭壁，因此水流湍急，水量丰富；中游河谷较宽，形成了开阔的冲积平原，沿江人烟密集，两岸多农田，交通方便；下游河道宽阔，多叉流、沙洲。

高句丽的好太王碑，位于距集安市城东5千米处，碑身用灰岩石柱雕琢而成，造型颇具特色。

朝鲜族的歌舞艺术具有悠久的历史和广泛的群众基础，连白发苍苍的老人和充满稚气的孩童也常常加入歌舞的行列。

朝鲜族

冷面、泡菜、狗肉；压跳板、荡秋千、摔跤……这就是吉林省人数最多的少数民族朝鲜族的生活写照。中国朝鲜族的祖先是从朝鲜半岛迁入中国东北三省的朝鲜移民，从此世代在中国定居，逐渐与周围汉族交流融合，但仍然保留着鲜明的民族特色。朝鲜族人擅长在寒冷地区种水稻，他们克服了图们江、鸭绿江流域山多、荒原多、沼泽多和寒冷、无霜期短等困难，成功使水稻在中国东北生长。朝鲜族人性格坚韧，能歌善舞，热爱劳动与体育运动。朝鲜族的聚居地——延边朝鲜族自治州，也被称为体育之乡。延边朝鲜族自治州是吉林省最大的木材产区，盛产松木、水曲柳、椴木、黄菠萝木等。自治州所处的图们江流域是国际开发的热点地区，建有珲春经济开发区，被称为“东北亚金三角”。

梅花鹿体长140～170厘米，肩高85～100厘米，成年鹿体重100～150千克。雌鹿较小。平时以青草和嫩叶为食。

吉林雾凇

雾凇

雾凇通称“树挂”，是雾气和水汽遇冷凝结在枝叶上的冰晶，分为粒状和晶状两种。吉林的雾凇属于晶状，结构比较松散，呈较大的片状。这一奇特的自然景观要在零下20℃以下并且昼夜温差不显著的条件下，再加上有足够的湿度才能形成。吉林市地理环境独特，雾凇持续时间较长，最长时一个冬季有60多天可以看到这种北地奇景。

黑龙江

HEILONGJIANG

黑龙江省是位于中国最北部的省份，因境内河流黑龙江而得名。北部和东部分别隔黑龙江、乌苏里江与俄罗斯相邻，南与吉林省接壤，西与内蒙古自治区相连。黑龙江省是多民族的省份，包括百年前的原住民满族在内，共有36个民族。加之地处边疆与外国接壤，不断地受到国外风俗的影响，黑龙江逐渐形成了兼收并蓄的地域文化，既有本地淳厚朴实的民风，也不乏异国风情。

松嫩平原

松嫩平原物质组成以冲积物为主，四周是洪积物所组成的台地，中间部分是松花江、嫩江形成的冲积平原。松嫩平原西、北、东三面为大兴安岭、小兴安岭和东部山地的山麓平原和台地，南为松辽分水岭，大体呈菱形。部分区域地势低洼，不便于排水，因此在嫩江下游、乌裕尔河、讷谟尔河、雅鲁河下游形成大面积的沼泽湿地。湿地上河曲发达，河漫滩宽广，泡沼成群，还有沼泽湿地型的无尾河，土地特别容易盐碱化。

五大连池

五大连池位于黑龙江省西北部，在小兴安岭西南侧。五大连池又称五大莲池，由14座处于休眠状态

松嫩平原土地肥沃，是全国重要的粮食产地。

五大连池中老黑山的火山湖

的火山和5个堰塞湖组成，是中国火山分布最为集中的区域之一。据史料记载，1719～1721年，白河被火山爆发流溢出来的熔岩堵塞，从而形成今天5个珍珠串似的晶莹湖泊。五大连池与保存完好的火山地貌连成一体，组成一幅优美、自然、和谐的火山风景图。巍峨耸立的火山群环抱着碧波荡漾的火山湖，加上起伏的石龙熔岩，形成了一座天然的“火山公园”。如今的五大连池，已成为中国重要的火山地质保护区、国家级风景名胜区，也是中国北方著名的大型疗养地。

★省 会

→哈尔滨市

★简 称

→黑

★面 积

→约46万平方千米

★人 口

→3799万（2016年）

★民 族

→满、朝鲜、蒙古、汉、回、赫哲、鄂伦春、达斡尔等

黑龙江

黑龙江省的得名源自它境内流淌的黑龙江。黑龙江的满语是“萨哈连乌拉”。“萨哈连”是“黑”的意思，“乌拉”是“水”的意思。“萨哈连乌拉”译成汉语即是“黑色的水”。黑龙江全长4370千米，居世界第11位，其中中国境内长3474千米。矫若游龙的黑龙江有南北两源：北源为石勒喀河，南源为额尔古纳河。两源在漠河以西的洛古河村附近汇合后始称黑龙江。黑龙江共有200余条支流，其中松花江为其最大的支流。沿江平原农业发达，盛产小麦和大豆。流域内山地森林茂密，是中国重要的林业基地。此外，这里的金、煤等矿产资源也很丰富。

哈尔滨

哈尔滨市素有“冰城”的美誉，是黑龙江省的省会。位于黑龙江省南部，南与吉林省为邻，面积约53775平方千米，总人口971万，以汉族为多，还有满、朝鲜、回、蒙古等少数民族。哈尔滨属于东三省的老工业区，工业门类比较齐全，以机电工业为主体，石油化工、纺织、建材、食品等工业为支柱。哈尔滨也是东北地区最大的交通枢纽，5条铁路干线交会于此。此外哈尔滨机场也是东北地区最大的国际机场之一。

圣索菲亚教堂坐落于哈尔滨市区内，是哈尔滨市17座教堂中规模较大、建成时间较早的一座，建于清光绪

圣索菲亚教堂是由俄国建筑师克亚西科夫主持设计的拜占庭式建筑。现在看到的教堂重建于1923年，1932年落成并保留至今。

二十五年（1899）。整座教堂为拜占庭式建筑，中央一座主体建筑建有标准的大穹窿，红砖结构，巍峨宽敞。圣索菲亚大教堂是远东地区较大的教堂之一，体现了哈尔滨文化中宗教信仰的多样性，曾经是哈尔滨市的标志性建筑。

漠河

漠河在明朝时属木河卫，1981年5月设置漠河县。漠河县位于黑龙江上游南岸，大兴安岭北麓，地处中国极北部边陲，是中国纬度位置最北的县份，面积约1.85万平方千米，被誉为“金鸡冠上的绿宝石”。由于地处最北段高纬度地区，漠河拥有许多独特的北极自然风光，如白夜、极光等。夏至是漠河县的北极光节。这一天，海内外成千上万的游客欢聚北极村，点燃篝火，观赏神奇的北极光，度过难得的白夜。

↑赫哲语属阿尔泰语系，词汇与满语相同。赫哲族没有文字，通用汉文。现在的赫哲族人已通用汉语。

赫哲族

赫哲族是中国人口较少的民族之一，主要分布在黑龙江省。赫哲族有自己的语言，但没有本民族文字。有观点认为，赫哲族形成的过程中吸收了鄂伦春族、鄂温克族、满族等民族成分和原属于黑龙江流域的其他土著居民以及来到赫哲族分布区居住的蒙古族、汉族等民族成分。赫哲族名称的意思是“土著人”。赫哲族的祖先自古就在黑龙江、松花江、乌苏里江流域繁衍生息。他们是中国北方唯一以捕鱼为主，并且使用狗拉雪橇的民族。在赫哲族居住的地方——松花江下游、黑龙江、乌苏里江三江口盛产各种鱼类，其中以鳇鲟和大马哈鱼最为著名。

↓作为哈尔滨国际冰雪节的传统项目，冰灯艺术是目前世界上形成时间较早，规模较大的大型室外露天艺术。

华北地区

华北地区
北京
天津
河北
山西
内蒙古

华北地区一般指位于中国北部的2省2市1区，包括河北省、山西省、北京市、天津市和内蒙古自治区。地形以丘陵、平原、山地3个地形带为主，属典型的暖温带大陆性季风气候。少数民族有蒙、满、回以及鄂温克、达斡尔、鄂伦春等游牧民族。华北地区受地理位置影响，自然资源丰足，尤其草场类型齐全、动植物种类繁多，其中内蒙古境内还有中国唯一被联合国教科文组织纳入国际生物圈监测体系的锡林郭勒国家级草原自然保护区。

鄂尔多斯高原

鄂尔多斯高原是历史上蒙古族鄂尔多斯部落的聚居地区，位于黄河河湾的长城以北。鄂尔多斯高原是人类文明的发源地之一，早在3万多年前，著名的河套人便在这里生息繁衍，用辛勤的双手创造了灿烂的“河套文化”。内蒙古自治区众多的名胜古迹也都位于鄂尔多斯高原之上：伊金霍洛旗甘德利草原上的成吉思汗陵园，萨拉乌苏河畔的晋大夏国都城——统万城遗址，准格尔北部隋代的十二连城遗址，黄河南岸二沟湾的“昭君墓”，这些遗迹展示着蒙古族辉煌的历史。

巴丹吉林沙漠

巴丹吉林沙漠位于内蒙古自治区阿拉善右旗北部，面积4.7万平方千米，是中国第三、世界第四的沙漠。沙海西北部1万多平方千米的地域，至今没有人敢于涉足。在整个沙漠内部仅有两个居民点。当地人因为无法耕种土地而全部经营牧业。骆驼是当地的主要家畜。奇峰、鸣沙、湖泊、神泉、寺庙是巴丹吉林的“五绝”。沙丘在风力的作用下，呈现出沧海巨浪、巍巍古塔等各种奇观。沙漠东部和西南边沿是一望无际的茫茫戈壁。形状怪异的风化石林、风蚀蘑菇石、蜂窝石、风蚀石柱、大峡谷等鬼斧神工的地貌让人不由得叹为观止，但敢于到此体验如此壮丽景观的人却没有几个。

巴丹吉林沙漠海拔高度在1200~1700米，沙山相对高度可达500多米，堪称“沙漠珠穆朗玛峰”。遍布巴丹吉林沙漠的鸣沙被誉为“世界鸣沙之王”，所发出的声音犹如机群轰鸣，数千米外清晰可闻。1993年，中德联合考察队在这里发现了鸵鸟和恐龙化石，还有大量的新石器和旧石器，其中包括大量石器碎片和色粗陶片。

太行山

太行山位于山西高原与华北平原之间，由片麻岩、片岩、石灰岩、沉积岩等组成。它北起拒马河谷，南至晋、豫边境黄河沿岸，海拔在1000米以上，最高达2000米。太行山地势险要，历来是兵家必争之地，因此山中雄关颇多，如紫荆关、娘子关、虹梯关、壶关、天井关等。山地东侧的走向断层，形成明显的落差。从华北平

广袤无垠的草原孕育了“马背上的民族”，他们在这里创造了灿烂的文化，展示着独有的风情。

胡杨树是干旱荒漠地区唯一能生存的乔木树种，号称“沙漠三千岁”。耐热耐寒，生命力极强，是保护沙区农业和野生动物的天然屏障。

原仰望太行山，巍峨险峻，山势雄伟。太行山同时也是中国著名的革命老区，曾经有无数的革命先烈在这里抛头颅、洒热血，写就了壮烈的历史篇章。

河套文化

河套文化遗址位于内蒙古鄂尔多斯高原南端乌审旗拉乌苏，是中国旧石器时代晚期的古人类文化遗址。遗址挖掘于20世纪20年代初，出土的古人类化石和现代人相似，属“新人”。同时出土的尚有野驴、披毛犀、水牛等完整化石骨架，为中国古动物化石中的珍品。出土的化石资料说明，在3.5万年前，当地的气候温暖湿润，河流宽广，湖泊四周森林茂密，草场丰足，为河套人提供了良好的生存环境。遗址中出土的生产工具个体小、制造精致，说明河套人制作石器的技术水平已比其他原始人类高。

避暑山庄

避暑山庄位于河北省承德，是清代皇帝避暑度假和处理政务的场所、清代第二个政治中心，也是中国现存较大的古代皇家园林。这座规模宏大的园林拥有100余处建筑，周围环绕着长达10千米的“虎皮墙”。山庄的建筑布局大体可分为宫殿区和苑景区两大部分。最大特色是山中有园，园中有山，充分利用自然地势，使人工建筑与自然风光和谐地融为一体，堪称世界皇家园林的典范。1994年被列入《世界遗产名录》。

河套人是旧石器时代晚期人类，属晚期智人。头骨和股骨骨壁较厚。图为河套文化遗址中晚期人类头骨化石。

苑景区分成湖区、平原区和山区3部分，湖区亭台水榭，一派江南景致；平原区是富于草原风光的万树园和试马埭；山区则因地制宜，峰峦叠嶂。湖区最出色的建筑“烟雨楼”位于澄湖中的青莲岛上，仿照浙江嘉兴南湖钱元僚的烟雨楼建造。二层里悬挂着乾隆题写的“烟雨楼”匾额。《热河志》中是这样描述这座楼的：“楼四面临水，一碧无际，每当山雨湖烟，顿增胜概。”

宫殿区集中在山庄东南部，风格朴素淡雅，是皇帝办公和寝居的地方。寝宫设在“烟波致爽殿”，这座建筑共7个房间，外表古朴，室内陈设却富丽奢华。康熙皇帝从“四周秀丽，十里平湖，致有爽气”的诗句中取

“烟波致爽”为殿名，成为山庄一景。西暖阁是皇帝寝室。正是在这个华贵精美的房间中，曾经病死了嘉庆和咸丰两代帝王。

外八庙位于避暑山庄外围的东部和北部，原有11座寺庙，9座为乾隆所建造。乾隆修建寺庙有个显著特征：寺庙全部面向避暑山庄，象征边疆少数民族归附中央。这些寺庙都是宫殿式建筑，华美壮观，民族建筑色彩浓郁。这11座庙现存7座，加上一座庙的遗址，所以称“外八庙”。外八庙是中国封建社会寺庙建筑的最后一次辉煌，它的建筑、园林及大量的碑刻等历史文物都具有深厚的艺术价值和研究价值。

外八庙中的普陀宗乘之庙俗称小布达拉宫。全庙除主体大红台、大白台外，还有40多座各式各样的僧房、佛殿、白台和塔台，是外八庙中规模最大的一个，占地面积22万平方米。

木兰在满语中是“哨鹿”的意思。哨鹿就是一种用木制长哨模仿鹿声诱捕鹿的方法。木兰围场位于承德市满族蒙古族自治县境内，北面为坝上高原，南面是燕山山脉。围场附近雨量充沛，森林密布，河流纵横，尤其适合鹿獐一类的动物繁衍生息。因此这里成了清代帝王习武狩猎、联络少数民族上层人物的场所。康熙帝建成围场后，几乎每年的秋季都会率领八旗官兵和王公大臣来这里围猎，称作“秋围”，借此练习骑射。秋围期间也是觊觎皇位的王子们在父亲面前卖弄身手的最好时机。

避暑山庄始建于1703年，历经康熙、雍正、乾隆3代皇帝，耗时约90年。因有康熙亲题的“避暑山庄”匾额而得名。

北京

BEIJING

北京是中国的七大古都之一，也是世界历史文化名城。作为燕国、辽国、金国、元朝、明朝、清朝的都城和中华人民共和国的首都，北京长期以来一直是中国的政治文化中心。北京位于内蒙古高原和华北平原的交界处，西、南、北三面与河北省相邻，东南毗连天津市。由于历史地位特殊，北京人口众多。悠久的历史与灿烂的文明给北京留下了大量的文物古迹，让人回味无穷。

周口店北京人

1921年北京市西南房山区周口店镇龙骨山北侧发现了周口店遗址。1929年又在洞中发现了“北京人”头盖骨化石、人工制作的石器和用火遗迹。它是到目前为止国内发现的材料最丰富、最系统的旧石器时代早期阶段人类遗址。“北京人”大距今20～70万年前在此居住，头部特征虽然较为原始，不过已经明显带有现代蒙古人种的特征。后来人们又在“北京人”上方的洞穴里发现了距今1.8万年的山顶洞人遗址和介于两者之间的新洞人遗址。有趣的是，古人们似乎以年代从远到近为依据，分别选择居住在龙骨山的一层、二层和三层。

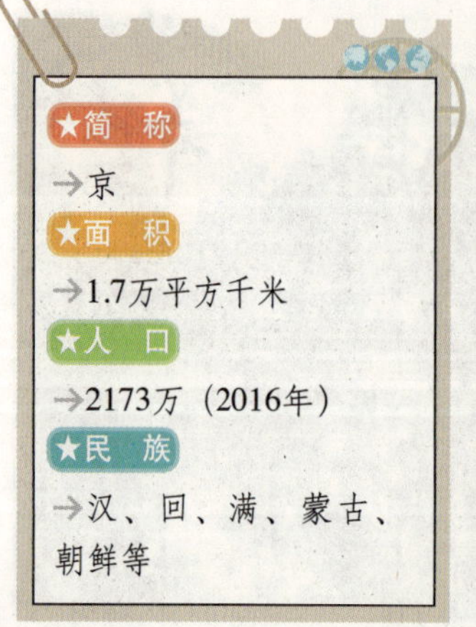

★简　称
→京
★面　积
→1.7万平方千米
★人　口
→2173万（2016年）
★民　族
→汉、回、满、蒙古、朝鲜等

四合院·胡同

北京四合院，是北方住宅建筑中一种历史悠久的传统布局方式，充分体现了中国“前堂后寝”的礼制规格。四合院的建筑形式从汉代开始逐步形成，到了唐宋时期已经广泛使用。它的布局一般在东南西北四面建房，中间围出一个院子，院子的外墙除大门外，没有窗户或通道与胡同相连，恰好满足了一个典型的中国封建

北京周口店遗址中发现的堆积物达2.6万立方米，足以证明“北京人”曾在洞中居住30万年之久。

家庭三世同堂的居住需要。

除了四合院之外，北京另一著名的民俗产物便是遍布北京城的大小胡同了。这些胡同，绝大多数都是正东正西或正南正北走向，从而构成了北京十分方正的布局。北京城内的胡同大约有6000条，名称更是五花八门，像“油炸鬼胡同”“挖耳勺胡同”等，虽然听上去有些可笑，但大多数都与老百姓的生活息息相关，或许这也是一种生活的幽默。

北京四合院虽为民居建筑，却蕴含着深刻的文化内涵，是中华文化的建筑载体。

香山

香山是中国历代著名的皇家园林之一，位于北京西山。西面和北面的山峰挡住了寒风，很适合植物的生长。远在金代时，这里就建有香山寺。清朝乾隆年间（1745）对该寺做了大规模扩建，改名静宜园。作为北京著名的“三山五园”之一，香山和静宜园内有多处古迹。香山四季景色不同，其中最为有名的就是香山红叶。金秋时节，香山漫山红叶，层林尽染，美不胜收。

香山叶红如火与香山的海拔高度和气温有关。霜秋时节，大量类胡萝卜素分泌量增多，叶子便会呈现出橙红的色彩。

密云水库・黑龙潭

作为山区城市，北京境内的天然水源明显不足，人工水库就变得必不可少了。密云水库是北京主要水源，

天安门是北京的标志性建筑。

也是华北地区最大的一座水库。密云水库位于北京郊区密云县城北，面积188平方千米，常年水面面积为9133万平方米，平均每年向市区供水10亿立方米，发电1亿多千瓦时，灌溉农田2666.7平方千米，最大蓄水面积可达285平方千米，1985年被列为国家一级水源保护区。千百年前选择北京的人们唯一没有考虑到的就是供水方面的问题，如今已经被现代化手段填补了这个缺陷。

黑龙潭位于密云水库西北石城乡轱辘峪下，属于长城脚下的白河峡谷潭群。白河水倾泻而下，形成了数十个深潭。其中最有名的18个大潭合称为“黑龙潭”。奇特的是潭中的动物，如鱼、虾、蛇、龟、蛤蟆之类均为黑色，也称得上一种奇观。

密云水库由潮河、白河两大枢纽组成，可控制潮、白两河上游15788平方千米的洪水。

卢沟桥

卢沟桥位于广安门外的丰台区，迄今已经有800余年的历史。桥长266.5米，横跨永定河。“卢沟晓月”是著名的燕京八景之一。这座桥一共有11个桥拱，桥身用巨大的汉白玉石砌成，建筑与设计都极具特色。桥栏由高近1.5米的281根望柱与栏板连接而成，每根望柱顶端都刻有一头狮子，它的身上攀附有形象各异、或藏或露的小狮子。大、小狮子共计485只。1937年7月7日，日本侵略者在这里发动了卢沟桥事变，这些石狮子由单纯的艺术品变成了侵华战争开端的历史见证。

永定河

永定河是北京地区最大的河流，也是海河五大支流之一，与北运河、潮白河、拒马河、蓟运河一起统称为北京市的五大水系。永定河仅在北京市境内的主河道全长就有189千米，河床最宽的地方达3800米。

永定河原名“无定河”，是历史上有名的“灾河”，在三家店进入平原地区后就经常改道，屡次泛滥成灾。取名“永定”是为了求得河道安定。沿河两岸是历史上作为战场最频繁的地区之一，算得上是京师的战略要地。

龙庆峡

龙庆峡即古城水库，位于市郊的延庆县，古代称为“神峰列翠”，或者“古城九曲”。因为山谷中山奇水碧，迂回曲折，有“小三峡”的美称。峡谷口有个古城村，传说是辽代萧太后的花园行宫。流经这里的古城河两岸有众多的泉眼补给水源，河水终年不断。龙庆峡两边崖岸上的众多奇峰怪石堪称一绝。峡谷南面为八达岭长城，西北为松山森林公园，正西是海坨山，平均气温低于北京城区。龙庆峡现已经成了北京人观光避暑的最佳去处。

明十三陵

明十三陵位于北京市昌平区天寿山麓，东、西、北三面环山，是世界上保存较为完整和埋葬皇帝最多的墓葬群。每座陵墓都依山面水建造，布局庄重和谐。陵区第一陵是明成祖朱棣的长陵，最后一陵是明崇祯帝朱由检的思陵。

此外，陵区内还建有明代妃坟7座、太监墓1座，并建有行宫、苑囿等附属建筑，周围筑有10个关城，虽然不能和金字塔相媲美，但也是墓葬建筑中的珍品。

定陵是明朝第13位皇帝朱翊钧及其两位皇后的合葬陵，始建于明万历十二年（1584），万历十八年（1590）竣工，历时六年，耗银800万两。

卢沟桥是北京现存最古老的联拱石桥，始建于1189年，1192年竣工。桥上的很多小狮子雕刻精湛，行藏隐蔽，不易被发现。

天津

TIANJIN

天津位于华北平原东北部，东临渤海，北依燕山，是环渤海和东北亚的重要港口城市，地处海河5大支流的交汇处，是联系北京与东北、华北地区的交通枢纽，被称为“河海要冲”和“畿辅门户”。作为华北地区最重要的港口城市以及近代史上的八国租界地，天津文化像一杯鸡尾酒，融合了不同国家民族的不同文化风格，最终形成了自己的独特魅力。

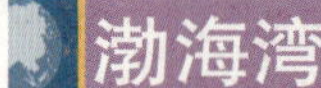

渤海湾

渤海湾位于渤海西部，是中国渤海三大海湾之一。它北起河北省乐亭县大清河口，南到山东省黄河口。海湾有蓟运河、海河等河流注入。渤海湾海底地形大致自南向北，自岸向海倾斜，沉积物主要为细颗粒的粉砂与淤泥。在蓟运河河口，由于河口输沙量少和受潮流的冲刷，形成一条从西北伸向东南的水下河谷，至渤海中央盆地消失。渤海湾属典型的大陆性季风气候，冬寒夏热，四季分明，冬季海水结冰。海湾沿岸为淤泥质平原海岸，泥深过膝，湾内有天津新港。

天津码头的繁忙景象

清代爱国将领聂士成塑像

海河

提到天津的河流，人们第一想到的就是海河。海河是中国华北地区大河之一，五大支流分别自北、西、南三面汇流至天津。海河的河道狭窄弯曲，流域东临渤海，南抵黄河，西起太行山，北倚内蒙古高原南缘，

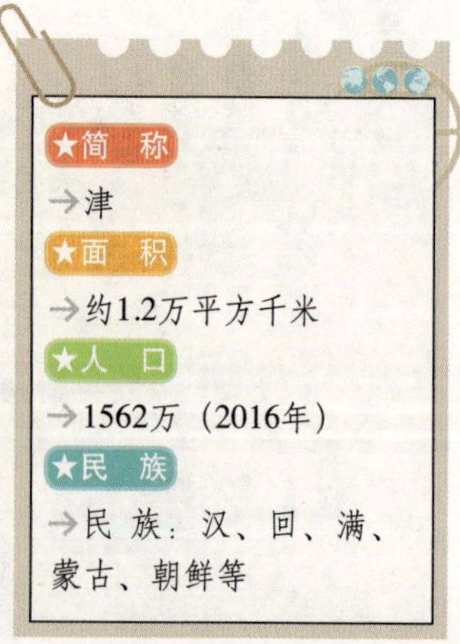

"连年有余"是杨柳青年画中的传统作品。

被称为海河平原。海河对天津市有着重要的意义，是天津市最大的水源。历史上的海河，屡次泛滥成灾。新中国成立后，天津兴修了大量水库，疏浚、新辟了许多河道，极大地改变了海河的面貌，使海河能够担负起天津市旱涝调节及部分泄洪的重任。

天津卫·大沽炮台

作为守卫北京的最后一道门户，天津的地理位置始终至关重要。自从元代以来，历朝历代的君王都在天津驻兵屯垦，这个小小的渔村最终发展成了华北地区的海防屏障——天津卫。今日的天津市，就是在当年天津卫的基础上逐步建设而成的。可以说，没有海防的威胁，就没有今天的天津市。

天津卫有很多清王朝统治者建设的炮台。这其中，大沽炮台处于防线的最北方，地位尤其重要，被称为"津门之屏"。这座炮台建于1840年，在近代中国抗击侵略的战争中发挥了重要的作用。

黄崖关长城始建于北齐年间（557），全长42千米，被称为"蓟北雄关"，建在陡峭的山脊上，各项防御设施完备，是京东军事险要之地。

三绝之一的"狗不理"现在已成为天津饮食文化的标志。

杨柳青年画·泥人张

杨柳青年画是中国著名的民间木版年画，至今已有300余年的历史。它在明朝中叶产生于天津西郊的杨柳青镇，因此得名。这种年画采用写实的画风，构图精美，色彩均匀，取材广泛，品种多样，既有版画的刀法韵味，又有绘画的笔触色调。最经典的造型是怀抱鲤鱼的胖娃娃，已经成了杨柳青年画的标志图案。

泥人张则是天津另一样著名的民俗文化代表，指的是天津一家张姓的祖传泥塑手艺人。泥人张的彩塑泥人具有相当高的艺术水准，造型生动，表情丰富，色彩讲究，取材广泛，在全国都有较大的名气。

河北

HEBEI

河北省位于中国华北平原的北部沿海，因为地处黄河下游以北而得名。古代的河北地处边陲，长期与塞外游牧民族作战，后来又成为守卫北京的屏障，军事地位相当重要。河北地貌类型齐全，各种大地貌单元都排列得井然有序，是一张活的地理图。战国时期的“燕赵之地”也包括河北在内。史书上说“燕赵自古多慷慨悲歌之士”，这里流淌着浓郁的游侠精神，尚武风气代代相传，至今沧州仍是著名的武术之乡。杨氏太极就发源于这块土地。

河北平原

河北平原是华北平原的一部分，南至黄河，北抵燕山，西邻太行山，东濒渤海。这块平原绝大部分都位于河北省境内，因此称为河北平原。它的地貌差异很大，太行、燕山山前的一部分是海河与滦河的沉积物堆积形成的冲积平原，所以河北平原又叫作海河平原。另外还有黄河三角洲和滦河三角洲这两个较大的三角洲，以及渤海湾沿岸海拔5米以下的冲积——海积平原。河北平原交通便利，工业发达，资源丰富，8万平方千米的沃野良田让这里成为了华北地区主要的农业区。北京、天津、石家庄、邯郸、沧州等大中城市都坐落在这片土地上。

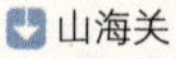
山海关

雾灵山

雾灵山是燕山山脉的主峰，位于河北省兴隆县境西北部，本名伏凌山。明代时，大乘天真圆顿教第三代祖天真古佛将此山作为“求道灵山”，加之此山常年有云雾缭绕其上，始称雾灵山。雾灵山在古代就是旅游胜地，北魏地理学家郦道元曾经游览雾灵山，之后在《水经注》中对此山作了记载。雾灵山常年云雾笼罩，变幻莫测，颇有仙风道骨的

★省　会

→石家庄市

★简　称

→冀

★面　积

→约19万平方千米

★人　口

→7470万（2016年）

★民　族

→民　族：汉、满、朝鲜、回、蒙古等

感觉，被清王朝划为清东陵的“后龙风水区”禁地，封为皇家风水宝地。山区内栖息着种类繁多的珍稀动植物，目前是河北省重要的国家级自然保护区，并且加入了中国“人与生物圈”自然保护区网络。

滦河

滦河位于河北省东北部，是华北地区的重要河流之一。它发源于河北省丰宁满族自治县西北的巴颜图尔古山麓，流入内蒙古自治区后称闪电河。在多伦县附近，有上都河注入，称大滦河，经两度曲折，转回河北省，在郭家屯附近汇小滦河后称滦河。此后，干流呈东南向，横穿燕山和冀东平原，最后在乐亭县与昌黎县间注入渤海。滦河全长833千米，流域面积4.49万平方千米，支流较多，水力资源蕴藏量丰富。由于流域植被覆盖较好，河水含沙量也较少。干流上已建有潘家口水库、大黑汀水库。1983年建成的引滦入津工程全长234千米，平均每年向天津市输送8.1亿立方米的淡水。

雾灵山植被茂盛，生态系统良好，山内灌木丛生，还有多种珍稀动物。

赵州桥

赵州桥又称为安济桥，位于河北赵县城南的洨水上。建于隋大业（605～618）年间，是由著名匠师李春设计建造的。桥长64.40米，跨径37.02米，是当今世界上跨径最大、建造最早的单孔敞肩型石拱桥。桥两端肩部各有两个小石拱，不是实心的，可以用来疏导水流，减轻洪水的冲击力。这种造型叫作敞肩型，在世界桥梁史上是一个了不起的创举。就是因为这种科学的设计和巧妙的构造，加上精良

“赵州桥”因古代赵县又名赵州，故而得名，主拱采用“切弧”原理，既扩大了通水面积，又降低了桥面坡度。首创的“敞肩拱”的运用，为以后中国桥梁的建筑开辟了新的天地。

的石材，使得距今已1400年的赵州桥，在经历了10次水灾、8次战乱和数不胜数的地震之后，仍然能够巍然屹立。

老龙头位于山海关南处，是明代万里长城的东部起点，也是长城唯一集山、海、关、城于一体的海陆军事防御体系。建筑结构独特，展示了中国古代劳动人民精湛、高超的水下建筑工艺。

白洋淀

熟悉抗日战争历史的人，都不会忘记一个重要的敌后抗日根据地——白洋淀。白洋淀大部分位于河北省安新县境内，是一片总面积达336平方千米的天然洼淀，曾经是河北最大的淡水湖和水产基地。河北境内南北河流在这里汇合。这里风景秀丽迷人，具有典型的北方水乡风物特色，是一片富饶的鱼米之乡，被誉为华北明珠。白洋淀人民还具有光荣的革命传统，《小兵张嘎》就取材于这里的“雁翎队”。著名作家孙犁的《荷花淀》，孙厥、袁静的《新儿女英雄传》均以淀区为题材。白洋淀儿女的飒爽英姿，直到今天仍然是一个传奇。

白洋淀位于河北省中部平原，地处九河下梢，由南、西、北三面共8条河流汇成。在众多淀泊中，白洋淀最大，因此得名。

邯郸

古城邯郸在春秋时曾长期作为赵国的首都，“将相和”的故事就发生在这个城市，现在还留有蔺相如为廉颇回车让路的“回车巷”。直到汉末，邯郸仍然是全国五大都城之一。邯郸历来是兵家必争之地，它西倚太行山，东临滏阳河，富有煤、铁、石灰石和陶瓷土等矿产资源，因此手工业和冶铁铸

位于邯郸市区的沁河桥，相传正是“邯郸学步”典故中的那座桥，由此又得名学步桥。

造业都格外发达，有“冶铁都”的称号。同时又是中国十大陶瓷产区之一，古磁州窑的主要产地。邯郸已有3000年悠久的历史，是河北省最古老的城市。

北戴河

北戴河位于秦皇岛市西南，南临渤海，北靠联峰山，西起戴河口，东至鹰角石，长约10千米，宽约2千米，是一处狭长的滨海风景区。这里地处海滨，气候宜人，盛夏时节日均常温仅有23℃，是一个度假消夏的绝美去处。相传汉武帝、唐太宗都曾在这里留下足迹。北戴河有海滨二十四景，景景宜人；而那凝聚于山海之间的优美传说和名胜古迹，更让人禁不住遐思迩想。至今这片海岸还流传着孟姜女哭长城的哀伤故事，徐福东渡的悠长传说，还有曹孟德横刀立马写下“东临碣石，以观沧海”的激昂历史。

山海关

万里长城是世界奇迹之一，而山海关则是万里长城的起点。山海关古称榆关，又称为渝关、临闾关。在河北秦皇岛市以东10多千米处。山海关的城池建筑于明代，筑城人是明朝开国名将徐达。整个城池与长城相连，城池就是关口。城高14米，厚7米。全城有4座主要城门，还建有多种古代防御建筑，气势宏伟、结构严谨、层次分明，是一座防御体系比较完整的城关。

山海关箭楼上的横额巨匾“天下第一关”，笔法苍劲有力，庄重洒脱，是明朝举人萧显所书。相传萧显擅长书法但家境贫穷，受到邻居老太太的资助，他写了“天下第关”4个字送给老人。当时朱元璋正在征集“天下第一关”的匾额，见到老人献上的字龙颜大悦，出重金要求补上最后的“一”字。于是老人又找到已经做官的萧显，萧显用头发在纸上甩出一个“一”字，这就是山海关城楼上匾额的“一”显得特别洒脱的原因。

河北坝上草原位于丰宁满族自治县内，是距北京最近的天然草原，也是内蒙古草原的一部分。总面积350平方千米，海拔1486米，是滦河、潮河的发源地。

山西 SHANXI

山西省地处黄河中游，属于黄河流域的中原文化圈，因其坐落于太行山以西而得名。远在100万年以前，中华民族的祖先就已经在这里生息繁衍了。悠久的历史与滔滔的黄河，造就了三晋之地古朴淳厚的民风，在中华民族的历史上留下了深刻的烙印。山西省境内复杂多变的地质、地貌、水文、气象条件，也同时造就了山西丰富的自然资源。

大槐树

元朝末年，元政府连年对外用兵，对内实行民族压迫，令冀、鲁、豫、皖诸地深受其害，几乎成为无人之地。然而，山西却是另外一种景象，相对受战乱影响较少，加上风调雨顺，连年丰收，经济繁荣，人丁兴旺。因此，明朝灭元朝后，为了巩固新政权和发展经济，从洪武初年（1368）至永乐十五年（1416），50余年间组织了8次大规模的移民活动，将山西人迁往外省，其出发之地就在山西洪洞县旧城北的大槐树下。因此，古大槐树处作为过去的移民聚集的地点，成为了现在后代人寻根问祖的象征。

苍凉古朴的山西风光

壶口瀑布

壶口瀑布位于黄河中游秦晋峡谷之中，是中国仅次于贵州省黄果树瀑布的第二大瀑布，也是黄河唯一的大瀑布。壶口两岸苍山夹道，万里黄河到了这个形状似一把壶的狭窄通道，河床由300多米宽突然收缩到50多米，浩淼的河水突然被束缚，从30多米落差的黄河壶口飞流直下，铺天盖地倾泻到十里龙槽中，景象蔚为壮观，水流声像雷声震耳轰鸣。水势和地势都十分险恶，以至于路过壶口的船只，都必须拉纤上岸，绕过瀑布再下水，因此又有“旱地行船”的说法。

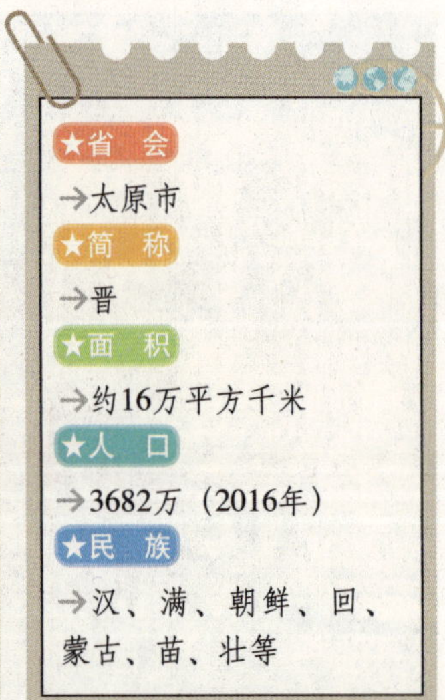

★省会
→太原市
★简称
→晋
★面积
→约16万平方千米
★人口
→3682万（2016年）
★民族
→汉、满、朝鲜、回、蒙古、苗、壮等

恒山

位于山西与河北交界地区的北岳恒山，是中国著名的“五岳”之一。《周礼》中记载：因为它位居北方，是万物永久依靠的场所，所以被命名为“恒山”。它发源于阴山，东西向横跨晋冀两个省份。传说4000多年前，舜帝巡游来到恒山，见山势险峻峭拔，于是封这座山为“北岳”。恒山景色雄奇秀美，东西两峰之间的石缝，古代曾是进出中原地区的大门。作为道教圣地，恒山上修建了“三寺四祠九亭阁，七宫八洞十二庙”，其中以建在峭壁之上的悬空寺最为著名。传说“八仙”中的张果老就是在这里得道成仙的。

五台山

中国四大佛教名山之首的五台山位于山西省五台县，属于北岳恒山山脉，其中的北台峰是华北地区最高的山峰，有“华北屋脊”的称号。五台山气温偏低，虽然处于与北京差不多的纬度，气候特征却酷似中国东北部的大兴安岭，平均温度只有零下4℃。传说五台山是文殊菩萨传道的场所，历代君主都在这里广建寺院，传扬佛教文化。现存有《华严经》字塔等千件珍贵文物，是中国古建筑、雕塑、绘画的艺术宝库。还有顺治皇帝

黄河奇观壶口瀑布，最大瀑面可达3万平方米，惊涛拍岸，浊浪排空，每逢夏秋之季，还时常有彩虹贯于长空，分外秀丽。

晋祠圣母殿内的侍女像

山西省洪洞县旧城北1千米处，是历史上有名的“古大槐树寻根处”。

云冈石窟中的佛教艺术造像

出走后在五台山出家以及康熙5次微服私访的说法，增添了这里的传奇色彩。

晋祠

晋祠位于距太原市西南25千米的悬瓮山麓，始建于北魏，为纪念周武王次子叔虞而建。这里殿宇、亭台、楼阁、桥树互相映衬，山环水绕，文物荟萃，古木参天，是一处风景十分优美的古建园林，被誉为山西的“小江南”，作为国家少有的大型祠堂式古典园林而驰名中外。尤其是圣母殿、侍女像、鱼沼飞梁、难老泉等景点，皆是晋祠风景区的精华。祠内的周柏、难老泉、宋塑侍女像被誉为“晋祠三绝”，具有很高的历史价值、科学价值和艺术价值。晋祠为国家重点文物保护单位，是华夏文化的一颗璀璨明珠。

华严寺

华严寺位于大同市西部，是依据大乘佛教的经典《华严经》而修建的，故名华严寺。始建于佛教华严宗盛行时的辽代，寺内曾供奉辽代诸帝石像、铜像，当时还具有辽皇室祖庙性质。寺内主要建筑有大雄宝殿（上寺）和薄伽教藏殿（下寺），其建筑、塑像、壁画、壁藏、藻井等，都是中国辽代艺术的典范。上华严寺俗称上寺，是以大雄宝殿为主体的一组建筑，在华严寺北隅。大雄宝殿始建于辽代清宁八年（1062），面积1559平方米，是中国现存辽、金时期最大的佛殿。殿内四壁满布清代绘制的21幅巨型壁画，色彩艳丽，保存完好，面积仅次于芮城永乐

华严寺中的薄伽教藏殿是寺内的代表建筑，大殿结构严谨，形制雄伟。

宫。下华严寺坐落于上寺的东南侧，以辽代建筑薄伽教藏殿为主，大同博物馆就设在下华严寺。

应县木塔

应县木塔是辽代木构佛塔，又称“佛宫寺释迦塔”，位于山西应县城内。建于辽清宁二年（1056）。塔的平面为八角形，塔身外观是五层六檐，曾历经7次大地震而安然无恙。塔的内外两道八角形木结构框架用大梁斗拱相互拉结。全塔未用一个铁架，全靠斗拱架把所有木构结合成完整稳固的整体，为中国建筑史上一大奇迹。应县木塔是世界上现存最高大的古代木构建筑。

平遥古城

平遥古城位于山西省中部，是一座具有2700多年历史的文化名城。是中国境内现存最为完整的明清古城，也是中国汉民族文化和中原地区古县城的典型代表。迄今为止，这座城市的城墙、街道、民居、店铺、庙宇等建筑，仍然基本完好，原来的建筑格局与风貌特色也大体未动。城内及近郊古建筑中的珍品，大多保存完好。它们同属平遥古城现存历史文物的有机组成部分，堪称研究中国政治、经济、文化、军事、建筑、艺术等方面历史发展的活标本。

云冈石窟

云冈石窟位于山西省大同市西郊武周山北崖，石窟依山开凿，东西绵延1000米，现存主要洞窟45个，大小窟龛252个，石雕造像51000余躯，是中国规模最大的古代石窟群之一。云冈石窟开凿于北魏年间，以气势宏伟、内容丰富、雕刻精细著称于世。它在吸收和借鉴印度犍陀罗佛教艺术的同时，有机地融合了中国传统艺术风格，在世界雕塑艺术史上有十分重要的地位。是中国三大石窟群之一，与敦煌莫高窟、洛阳龙门石窟齐名，同时也是世界闻名的艺术宝库，已被列入《世界遗产名录》。

汾河·汾河盆地·汾酒

汾河是黄河第二大支流，中国古人类和古文化发祥地之一。途中经过的地方多为黄土丘陵区，泥沙含量相对大，但流域内却蕴含丰富的矿产资源。

汾河盆地由运城盆地、临汾盆地和晋中盆地三者组成，又叫作“汾河地堑”。三个盆地之间虽然有陆地隆起形成的山梁相隔，但汾河又把它们贯穿了起来。汾酒是中国八大名酒之一，产于山西汾阳市杏花村。它色泽晶莹、清香绵软，饮后余香，但却不是用汾河水酿成，而是得益于杏花村中水质特异的井水。此水只应此地有，所以汾酒才会如此难得。

平遥古城墙建于公元前827～公元前782年，为夯土筑成。1370年，改筑为砖石城墙。城墙高12米，周长6千米，墙顶宽3～6米。1997年列入《世界遗产名录》。

内蒙古

NEIMENGGU

内蒙古自治区位于中国北部边疆地区，东邻东北3省，西与甘肃、宁夏接壤，南接河北、山西、陕西3省，北部和东北部分别与蒙古、俄罗斯交界。内蒙古草原自古以来都是中国最剽悍勇敢的游牧民族聚居的地方，先后有10多个少数民族政权在这里建立。至12世纪，一代天骄成吉思汗统一了草原各部族，以“蒙古”作为众多民族的共同名称。他的孙子忽必烈所建立的元朝，更是将草原文化和汉族农耕文化融为了一体。

呼伦贝尔草原

呼伦贝尔草原位于内蒙古自治区东北部的呼伦贝尔市，北邻俄罗斯，西和南与蒙古接壤，东连大兴安岭，形状酷似鸡冠，被誉为“北国碧玉”。呼伦贝尔得名于呼伦和贝尔两大湖泊，呼伦的蒙语大意为“水獭”，贝尔的蒙语大意为“雄水獭”，因为过去这两个湖盛产水獭，故有此名。呼伦贝尔草原是世界最著名的三大草原之一。这里地域辽阔，风光旖旎，水草丰美，纵横交错的河流与星罗棋布的湖泊，组成了一幅绚丽的画卷，一直延伸至松涛激荡的大兴安岭。

呼伦湖

呼伦湖也叫作呼伦池、达赉湖，位于内蒙古呼伦贝尔草原西部，是中国的第五大湖，内蒙古第一大湖。呼伦湖属于富营养型湖泊，是中国北方数千里之内唯一水域宽广的大湖。沼泽湿地连绵，草原辽阔，是鸟类栖息的最佳环境，因此成为中国东部内陆鸟类迁徙的重要通道。可以说，呼伦湖地区是世界上少有的鸟类资源宝库之一，是一个硕大的鸟类博物馆。呼伦湖还以“大、

夜幕下的草原风光

呼伦贝尔草原海拔多在650～700米，在海拉尔河南岸尚有大面积沙丘群。草原上野生种子植物共有603种，地形和缓、水源较丰，适宜游牧。

活、肥、洁”著称全国：“大”是湖面积大；“活”指是活水湖；“肥”是湖畔和河岸牧草繁茂；“洁”是湖区各河流基本没有污染，水质洁净。

阴山

阴山横亘于内蒙古自治区的中部，其蒙古语名字为“达兰喀喇”，意思为“七十个黑山头”。阴山山脉东起河北东部的桦山，西止于内蒙古巴彦淖尔盟中部的狼山，南北极不对称。南坡山势陡峭，北坡则较为平缓。阴山山脉的平均海拔高度在1500～2300米之间，仿佛一座巨大的天然屏障，同时阻挡了南下的寒流与北上的湿气。因此，阴山南麓的雨水较为充沛，气候条件较好，适宜发展农业。阴山山脉的自然资源也非常富饶，栖息着种类繁多的动植物，并有多处富饶的旱地草场，是天然的放牧场所。

呼和浩特

市区海拔高达1000米的呼和浩特市位于内蒙中部，是内蒙古自治区的首府，蒙古语中呼和浩特的意思是“青色的城”，简称“青城”。因为这里景教的召庙

★首　府

→呼和浩特市

★简　称

→内蒙古

★面　积

→约118万平方千米

★人　口

→2520万（2016年）

★民　族

→蒙古、满、达斡尔、鄂温克、鄂伦春、汉、回等

云集，又称为“召城”。呼和浩特是一座具有鲜明民族特点和众多名胜古迹的塞外名城。蒙古族、汉族以及其他少数民族的文化都在这里交融。独特美妙的自然风光，丰富多彩的民族文化，历史积淀深厚的古迹名胜，豪迈悠扬的蒙古音乐，精彩纷呈的蒙古式摔跤，构成了这座城市独特的剽悍风格。

赛马是那达慕大会上的重要内容，也是传统项目。

蒙古包·那达慕

蒙古包是满族对蒙古族牧民住房的称呼。这是一种天幕式的居所，呈圆形尖顶，用羊毛毡子一层或两层覆盖。蒙古包的设计基调奇特、美观、明快。它以最简洁的手法，最省料的工艺实现了一种极富于表现力的创造，展示着个性鲜明的蒙古族文化。不过现在蒙古人逐渐由游牧向定居转化，蒙古包在定居中开始退出了历史舞台。

那达慕是蒙古族人民喜爱的具有鲜明民族特色和浓郁地区特点的传统活动。“那达慕”是蒙语的译音，意为“娱乐、游戏”。它起源于古代蒙古族的祭祀活动，经过700余年的变迁，现在的那达慕在草原花草繁茂、牛羊肥壮的夏秋季节，即每年的7月～8月份举行，是融民族、文体、经贸、旅游为一体的盛会。

蒙古族的舞蹈和其特别的民族服装，向世人展示了草原的万种风情。

蒙古包拆装简易，携带方便，最适宜游牧民族居住。即使是在定居地区，蒙古族人民也将土木结构住房建成蒙古包的模样。

过去，那达慕期间要进行大规模祭祀活动，念经颂佛，祈求消灾降福。现已变成以传统体育竞技项目为主的娱乐性节日。

蒙古族

蒙古族是内蒙古自治区人口最多的少数民族，中国的东北、西北地区也有他们的足迹。“蒙古”的意思就是“永恒之火”。蒙古族是一个历史悠久而又富于传奇色彩的民族。千百年来，他们一直过着“逐水草而迁徙”的游牧生活。欧亚大陆上大部分草原都留下了他们的足迹，因而被誉为“草原骄子”和“马背上的民族”。蒙古族民风剽悍，能征善战，历史上曾经建立了空前庞大的地跨欧亚的帝国。蒙古铁骑不但统一了中国疆域，还曾经一路征服了中亚与欧洲部分地区。至今在欧洲国家仍然流传着关于蒙古军队的传说。

成吉思汗

被毛泽东称为“一代天骄”的成吉思汗是蒙古的开国君主，也是历史上著名的军事家，本名铁木真。铁木真少年时期所在的部族衰落，经常被其他部族欺压。他历尽磨难统一了蒙古各部，成为蒙古国大汗，称成吉思汗。成吉思汗攻灭金、夏，为元朝统一中国奠定了基础。他为人练达，知人善任，历史上称赞他“深沉有大略，用兵如神”。

那达慕大会上的摔跤比赛

鄂温克族·达斡尔族

鄂温克族主要聚居在内蒙古自治区呼伦贝尔市的鄂温克族自治旗。“鄂温克”是民族自称，意为“住在大山林中的人们”。他们主要生活在大兴安岭支脉的丘陵山区。由于居住地区的地理条件不同，生活方式也分为畜牧、农耕、狩猎等。

达斡尔族主要分布于内蒙古自治区莫力达瓦达斡尔族自治旗、鄂温克族自治旗。清代沙俄入侵的时候被迫向内地迁移。不过关于这个民族的起源问题，至今还没有定论。

以游猎为生的鄂伦春人

鄂伦春族

鄂伦春族主要分布在内蒙古自治区东北部的鄂伦春自治旗等地。“鄂伦春”是民族自称，含义有两种解释：一是“住在山岭上的人们”；二是“使用驯鹿的人们”。历史上的鄂伦春人世代在大小兴安岭的茫茫林海狩猎，桦树皮和狍皮是他们主要的生活材料。20世纪

成吉思汗陵由3座蒙古包式大殿构成，殿顶均覆盖琉璃瓦。金黄色的宝顶上以蓝色琉璃雕砌云纹。在青天碧草的映衬下，显得辉煌而庄严。

90年代兴安岭全面禁猎，从此终止了他们的狩猎生活。鄂伦春人相信万物有灵，猎到熊之后要像尊敬祖先一样尊敬熊的尸体，还要安慰熊的灵魂。最有趣的是，他们要想办法让熊的灵魂相信，是乌鸦吃了熊的尸体而不是鄂伦春人。

驯鹿

驯鹿是鹿科驯鹿属的唯一种族，又名角鹿，虽然温驯善良，却不是人工饲养出来的。雌鹿体重可达150多千克，雄鹿较小，为90千克左右。雄雌鹿都生有一对树枝状的犄角，幅度宽达1.8米，由真皮骨化后，穿出皮肤而成，每年更换一次，旧角刚刚脱落，新的就开始生长。驯鹿的冬毛十分浓密，长毛中空，就像是穿了一身双层的皮袄。驯鹿最惊人的举动，就是每年一次长达数百千米的大迁移，平时总是匀速前进，秩序井然，只有当狼群或猎人追来的时候，才会一阵猛跑，展开一场生命的角逐。因此，有人把驯鹿的迁移叫作“胜利大逃亡”。

驯鹿主要以苔藓、地衣等低等植物为食，由于食物缺乏，常远距离迁徙。

王昭君自愿充当使者出塞和亲，以后的60年间汉与匈奴两个民族和睦相处，王昭君也因此受到各族人民的爱戴，被视为民族团结的象征。

昭君墓

人们都非常熟悉昭君出塞的典故，昭君的坟墓就位于呼和浩特市南郊、大黑河之滨。昭君墓又称“青冢”，蒙语称“特木尔乌尔虎”，意为“铁垒”。传说，每到深秋时节，北方草木已经枯萎，唯独昭君墓上始终草青如茵，因此称为“青冢”。昭君墓占地1.3万平方千米，墓前有平台及阶梯相连，与中原地区汉代帝王陵墓的外观颇近。昭君墓周围芳草萋萋，古木参天，给这座塞外孤坟增添了神秘色彩。

华东地区

华东地区
上海
山东
江苏
浙江
安徽
江西

华东地区一般指中国东部5省1市所在区域，包括山东、江苏、浙江、安徽、江西5省和上海市。华东地区地形以丘陵、盆地、平原为主，属亚热带湿润性季风气候。民族以汉族为主，多民族共同聚居。整个地区自然环境优越，物产资源丰富，中国的几个鱼米之乡都隶属于这块土地，比如历史上盛极一时的苏杭、黄金宝石之乡山东、富饶的江淮平原。加上商品生产发达，工业门类齐全，交通运输四通八达，这里的国民收入有一段时间几乎占到了全国的1/3。

江淮平原

江淮平原位于江苏省、安徽省的淮河以南、长江下游一带。主要是由长江、淮河冲积而成的冲积平原，所以地势低洼，海拔一般都在10米以下。这里受到地质构造和上升运动的影响，沿江一带平原地形分布着众多的低山、丘陵和岗地。江心洲和滩地也是营养丰富的肥沃土地。江淮平原的最大特点是水、热资源都相当丰富，是中国重要的农业区。这里无霜期多达230~240天，作物可以一年三熟，盛产水稻、棉花等，也适宜柑橘等亚热带果木栽培和油桐等经济林木生长。这里的地势低平，水利资源甚至有些过剩，每逢雨季，平原的积水都不能畅通排泄，因此经常发生内涝灾害。

淮安是江淮平原的重要商埠，津要地位日益突出，是江淮平原重要的商品集散中心。以纺织、建材装饰为代表的批发市场和农副产品交易市场，在苏北乃至全国都有较大的影响。

雁荡山

雁荡山位于浙江省东南部乐清县境，因其昔日冈顶有湖，芦苇丛生，结草成荡，有成群的秋雁在这里栖宿，故而得名。雁荡山是洞宫山的支脉，呈西南—东北

走向，以瓯江为界称为南雁荡和北雁荡两组山脉。这里的群山海拔并不显著，但山内多奇峰、怪石，有南雁、中雁和北雁等著名的风景区。北雁荡山位于乐清市，以山水奇秀而闻名，号称东南第一山，有多处风景区，多集中在东南部，其中灵峰、灵岩、大龙湫称为雁荡风景三绝。南雁荡山在平阳县昆阳镇西南，是以奇峰、异洞、古建筑而闻名的游览区。风景荟萃处为水头镇西南6千米处，沿渡口向南到梅雨潭，从东山观音洞到西山的怡心院面积约2平方千米，其地貌大多是火山岩构成区。

鄱阳湖

中国最大的淡水湖——鄱阳湖位于江西省北部九江与南昌之间的长江中游南岸，是中国第一大吞吐型季节性湖泊。鄱阳湖是一个古老的断陷湖盆，约1.35亿年前沉陷成巨大的盆地，距今六七千年前才逐渐积水成为湖泊。由于历史上长江改道及人类的活动，大量泥沙沉积湖中，导致湖面不断缩

鄱阳湖三面环山，中北部有丘陵、平原，南高北低，向湖心倾斜。以松门山为界，分为南北两部分，北面称西鄱湖，也叫落星湖，长40千米，宽3000～5000米，最窄处仅800余米；南面叫东鄱湖，也叫官亭湖，最宽处达74千米，是鄱阳湖的主湖区。

小。随水量变化，鄱阳湖升降幅度较大，具有天然调节水量、蓄洪的功能。鄱阳湖不仅有众多的鱼类资源，湖泊边的湿地上是许多珍禽和动物的栖息地。此外，鄱阳湖每年的4～9月为汛期，而10月至翌年3月则是枯水期，水文的年变化较大。

鄱阳湖平原

鄱阳湖平原为长江中下游的陷落低地，由长江和江西省内五大河流泥沙沉积而成，主要位于江西省北部和安徽省西南边境。平原北狭南宽，面积2万平方千米，地势低平，大部分为低丘和岗地。平原上作物丰茂，是江西省的粮仓和棉花、油料、生猪等农产品生产基地，也是江西省经济、文化最发达的地区。

河姆渡文化

举世闻名的河姆渡遗址，位于距宁波市区约20千米的余姚罗江乡河姆渡村附近，是中国目前已发现的最早的新石器时期文化遗址之一。河姆渡遗址发现于1973年，总面积约4万平方米，叠压着4个文化层。据科学测定，第4代文化层的年代距今约7000年。遗迹中出土了大量生产工具、生活器具以及原始艺术品等，并发现丰富的人工栽培水稻和大面积木结构干栏式建筑遗存，被称之为“7000年前的文化宝库”，展示了中国的原始农业文化，有力地证明了长江流域是中华民族远古文明的摇篮。目前遗址处建有“河姆渡遗址博物馆”。

这个木碗出自河姆渡遗址，已有近7000年的历史。木碗呈椭圆形，高5.7厘米，表面涂有一层红漆，是中国目前发现的年代最早的漆器之一。

良渚文化

良渚文化是一支分布在太湖流域的古文化，距今约5300～4000年。分布在浙江余杭境内的“良渚遗址群”，是良渚文化的中心。考古研究表明，在良渚文化时期，农业已率先进入犁耕稻作时代，手工业趋于专业化，琢玉工业尤为发达，达到了中国史前文化的高峰，其数量之多、品种之丰富、雕琢之精湛，在同时期的中国乃至环太平洋地区都独占鳌头。大型玉礼器的出现揭开了中国礼制社会的序幕；贵族大墓与平民小墓的巨大反差显示出当时社会等级分化的加剧；刻画在出土器物上的“原始文字”被认为是中国成熟文字的前奏。

通扬运河、串场河以东地形坦荡，河道稠密，是苏北滨海平原的最高处，为海相沉积物盐碱地区，海拔3.6～5米，黄河带来的泥沙淤积而成滨海平原，不断地向海扩张。

上海 SHANGHAI

上海市是世界著名的港口城市，也是中国最精致的城市之一。它是中国最大的工商业城市，同时又是重要的经济、贸易、科技、交通、金融中心和国际化大都会。上海北界长江，东濒东海，南临杭州湾，西接江苏、浙江两省。特殊的地理位置使它在中国近代史中扮演了重要角色，中共“一大”会址纪念馆就坐落在这个城市。由于地处楚地，长期以来上海受到吴越文化的熏陶，又不断被来自五湖四海以及世界各地的人们所影响，逐渐形成了独树一帜的海派文化。曾经被称作“十里洋场”的上海市如今以它的时尚精美成为了中国重要的对外门户。

浦东新区

浦东新区是上海市辖区，位于黄浦江以东，“浦东”由此而得名。浦东新区作为上海市重点开发的经济特区，一直保持着高速的经济增长，成为中国市场与国际市场接轨的连接点。2002年的时候，浦东新区的经济实力已经相当于20年前的整个上海市。浦东新区在经济高速增长的同时，还是一块农业和畜牧业的沃土，东侧适宜栽种棉花；沿海地区的水草可以用来养殖奶牛；临近黄浦江一带适合种植蔬菜；另外这里还有大片内河淡水，富于营养的水质正好用来养殖淡水鱼类。

黄浦江

黄浦江是长江下游支流，也是上海境内的主要河流，古称东江，又称大黄浦。黄浦江的上游是拦路港，主源来自淀山湖，过松江后始称黄浦江。现在黄浦江已经成为上海的标志之一。它地处长江三角洲前

黄浦江凝聚了上海的发展历史，串联起了上海众多的标志性景观。

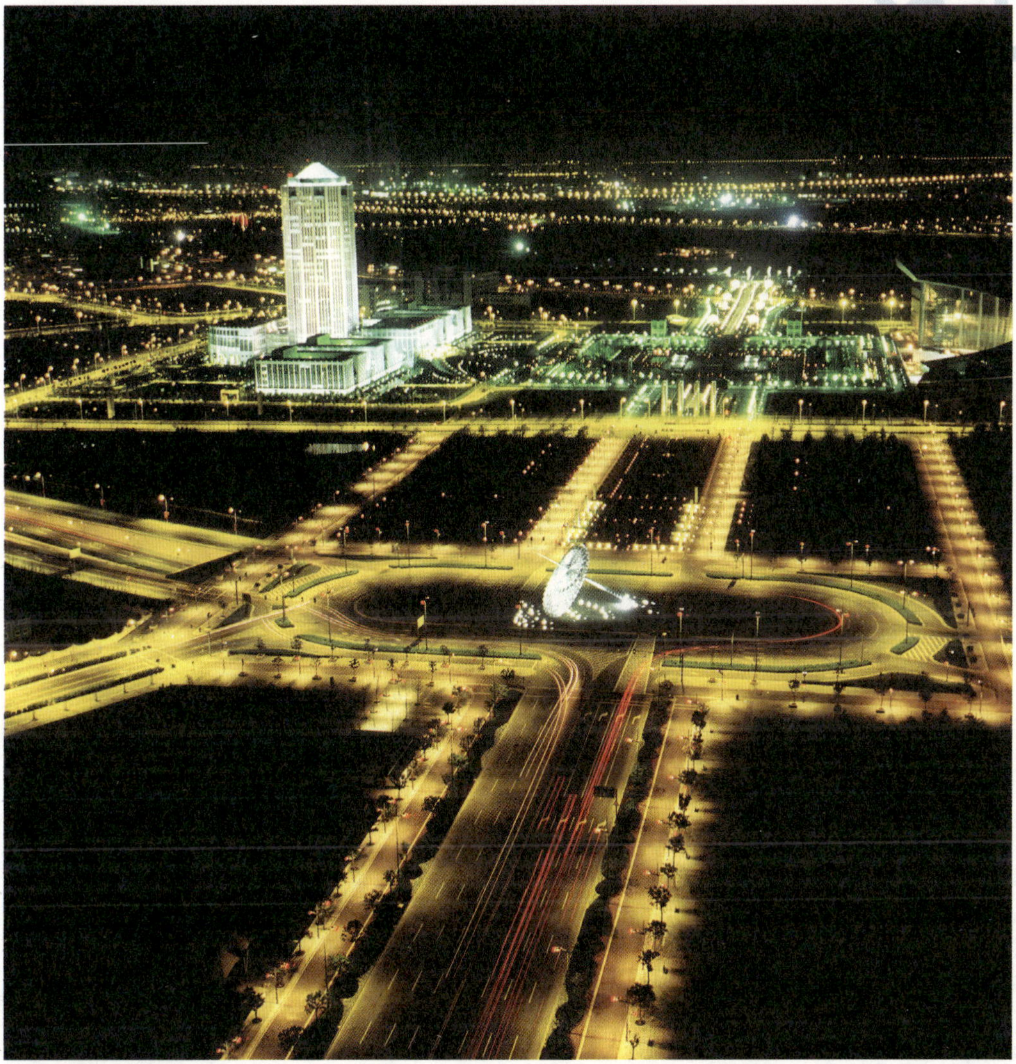

上海世纪公园位于浦东新区行政文化中心。园内以大面积草坪、森林、湖泊为主，同时还建有盆景、浮雕、喷泉、鸟岛等景观共45处。是市内最大的生态型城市公园，有“假日之国”的美称。

★简　称

→沪、申

★面　积

→6369平方千米

★人　口

→2420万（2016年）

★民　族

→汉、满、回等

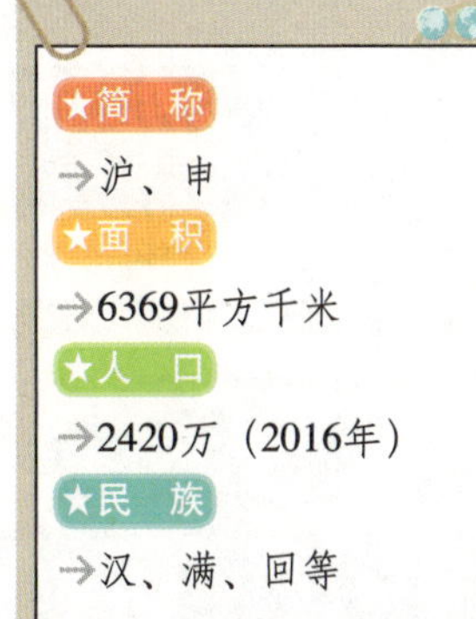

缘，位于中国南北海岸线的中部，交通便利，腹地广阔，地理位置十分优越。传说黄浦江是战国四公子之一的春申君黄歇所开凿，因此又叫作“春申江”，而“春申”也成为上海的别称，简称“申”。

吴淞江

上海的另一个简称是“沪”，这个名字来源于上海境内仅次于黄浦江的第二大河——吴淞江。因其流域在古代吴国境内，又发源于松陵地区而得名。吴淞江是黄浦江的主要支流，又叫作苏州河，从太湖瓜泾口流出，穿过江南运河，流经吴江、苏州、吴县、昆山、嘉定、青浦等地区，在上海市区外白渡桥附近注入黄浦江。

滨海湿地

上海的地理位置十分特殊，濒临东海，又属于江南水乡，因此湿地成了最具有地方特色的自然环境。上海的湿地属于滨海湿地，上海市60%～70%的珍稀和濒危物种都依赖湿地生活。上海的湿地面积大约有3000多平方千米，而且正处于亚太地区候鸟迁徙的路线上。经过野外调查，上海地区湿地鸟类共有110种，像黑脸琵鹭之类的珍稀鸟类也是这个城市的常客。

河口沙洲·崇明岛

上海位于长江入海口，自然少不了河口沙洲。上海的沙洲主要包括崇明、长兴、横沙3岛及其他刚露出水面的沙洲。在中国的河口冲积岛中，最具有代表性的就是崇明岛了。它三面环江，东临东海，伏卧在长江口海面上，是世界著名的河口冲积岛，被誉为长江口的一颗明珠。

崇明岛从形成到现在已有1300多年的历史了。唐代开始露出水面，附近渔民陆续到岛上定居，经过五代、宋、元、明、清不断发展，终于形成了今天面积1083平方千米的大岛。由于长江大量泥沙淤积，崇明岛的土地

与东方明珠电视塔毗邻的上海国际会议中心

东、西两端正在逐渐长大，以每年143米的速度向东海延伸。堆积的泥沙成为了一片良田沃土，而东部的滩涂已经变成了数十万只越冬候鸟的温馨家园。

东方明珠塔

东方明珠电视塔建成于1994年10月1日，位于上海浦东新区浦江之畔的陆家嘴，高468米，是亚洲第一、世界第三的高塔。明珠塔以“圆形”为主要基调，设计者将11个大小不一、高低错落的球体通过3根直径9米的擎天立柱串联起来，充满了“大珠小珠落玉盘”的诗情画意，呈现出一种奇异的建筑风貌。周围附属环境的整体设计也以圆形为基本造型，整个建筑浑然一体，华美壮观。

多伦路文化街原名窦乐安路，是上海的一条小街。南傍四川北路，北邻鲁迅公园、虹口足球场。小街在地图上虽无立锥之地，却是中国近现代文化史上浓重的缩影。街上公馆小楼，风格各异，是海派建筑的“露天博物馆”。

金茂大厦位于浦东新区内，是目前中国最智能的现代化摩天大楼。高420.5米，主楼88层，总建筑面积29万平方米。

上海老街的商铺中，还保留着中国的传统服装及布伞。

山东 SHANDONG

山东省因处于太行山之东，所以得名。它位于中国东部沿海，黄河下游，东临黄海，北滨渤海，全省包括半岛和内陆两部分。东部山东半岛突出于黄海和渤海之间，与朝鲜半岛、日本列岛隔海相望，北与辽东半岛相对。陆地部分自北而南分别与河北、河南、安徽、江苏相邻。山东省是中华文明的重要发祥地之一，自春秋战国时期起，受齐、鲁两个古国的文化影响深远。直至今日，世人还响亮地称山东为“齐鲁之邦”。孔子和孟子这两个中国儒学的伟人，都诞生在这块土地上。独具特色的齐鲁文化对中国传统文化影响至深。

山东半岛

山东半岛是中国的三大半岛之一，位于山东省东部，突出于黄海、渤海之间，主要由花岗岩组成。半岛多波状丘陵，占全岛总面积的70%。岛上山岭多呈东北—西南走向，海拔500～1000米不等，其中以崂山海拔最高。沿海海岸线曲折，长3000余米，沿岸有海湾、岬角和岛屿以及威海、青岛等港口。因为其地处胶莱河以东，又称胶东半岛。半岛石油资源丰富，农产以小麦、高粱、甘薯为主。此外，这里也是温带水果的重要产区。

济南的众多泉水向城北汇流，形成了闻名四方的大明湖。大明湖历史悠久，面积广大，是济南三大名胜之一，具有很高的园林艺术水平和观赏价值。

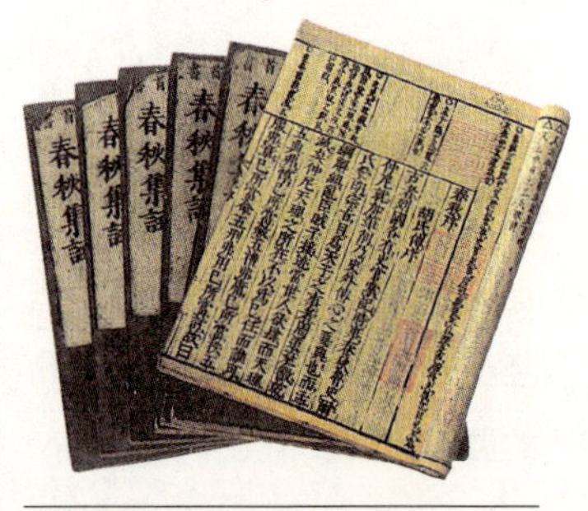

春秋战国时期鲁国编写的《春秋》书影

泰山

“会当凌绝顶，一览众山小”的泰山，位于山东省中部，拔起于鲁中南群山上，古名岱山，又称岱宗。泰山的自然景观雄伟绝奇，有数千年精神文化的渗透渲染和人文景观的烘托，被誉为中华民族精神文化的缩影。泰山山势挺拔雄奇，山间飞瀑松涛、景色壮丽，诗中写道“造化钟神秀，阴阳割昏晓”。累叠的山势，厚重的形体，苍松巨石的烘托，云烟岚光的变化，使它在雄浑中兼有明丽，静穆中透着神奇，成为中国山水名胜集大成者。泰山已被联合

泰山的岱顶日出

国教科文组织公布为世界自然与文化遗产。旭日东升是泰山四大景观之一。泰山雄伟的山势使它的日出显得尤其壮观，旭日东升是岱顶奇观之一，也是泰山的重要标志。岱顶观日历来为游人所向往，也使许多文人墨客为之高歌。

济南·青岛

济南又被称为“泉城”，是山东省的省会，位于山东省中部、泰山山脉北缘、黄河南岸，是中国历史文化名城。济南在新石器时代就是龙山黑陶文化的发祥地，素有“齐鲁雄都”“海右名城”之称，是中华民族文明历史的窗口，境内拥有众多的名胜古迹。现在的济南是以机械、纺织、食品、电子等部门为主的综合性工业城市。

青岛位于山东省东部，南滨黄海，西临胶州湾，是胶济铁路的终点，也是中国的优良海港之一。青岛原本是一渔村，自清朝在此设防开始，城市规模不断扩大，现已成为山东省最大的综合性工业城市和港口。青岛同时也是全国闻名的旅游城市，有多处风景名胜供游人欣赏。

★省　会

→济南市

★简　称

→鲁

★面　积

→约16万平方千米

★人　口

→9947万（2016年）

★民　族

→汉、回、壮、蒙古等

荷花是济南市市花，济南居民自古爱之。每年7月，大明湖中都有荷花展。

莱州湾

莱州湾是渤海三大海湾之一，位于渤海南部，山东半岛北部。西起黄河口，东至龙口的屺角。有黄河、小清河、潍河等注入。主要港口龙口是山东省重要港口之一。由于潍河、胶莱河、白浪河、弥河，尤其是黄河泥沙的大量携入，莱州湾海底堆积迅速，浅滩变宽，海水渐浅，湾口距离逐渐缩短。莱州湾滩涂辽阔，河流携带的有机物质丰富，盛产蟹、蛤、毛虾及海盐等。沿岸工农业发展迅速。龙口港、羊角沟港是山东省重要港口。莱州湾也是山东省重要的渔盐生产基地。

东平湖

东平湖位于山东省西部东平、梁山两县间，是山东省重要的渔业基地之一。湖的北面与黄河相通，洪水可自流进入湖区，是黄河的天然滞洪区，建有东平水库和东平湖分洪工程，可以根据黄河洪水大小分级使用湖区滞洪。东平湖是一个浅水型湖泊，由于与黄河相通，鱼饵丰富、水温适度、污染较轻、淤泥深厚、水质

趵突泉位于济南市中心，又名槛泉。泉水清冽甘美，水温恒定。

肥沃、鱼虾资源丰富，还盛产菱角、芡实和苇蒲等水生植物。

趵突泉

济南市内多名泉，素来有泉城之称。目前，济南境内有趵突泉、珍珠泉、黑虎泉和五龙潭四大泉群，共有72名泉，其中趵突泉最大、最壮观，有“72名泉之首”的盛誉，又号“天下第一泉”，与大明湖、千佛山并称为济南三胜。趵突泉位于济南市中心趵突泉公园泺源堂之前，是最早见于古代文献的济南名泉，其有文字记载的历史，可上溯至中国的商代。趵突泉水清澈甘冽，水涌量大，“趵突”两个字就是用来形容泉水跳跃奔腾的声音，是趵突泉三窟迸发、喷涌不息的真实写照。

蓬莱仙境

蓬莱位于山东半岛的最北端，依山傍海，风景秀丽，境内有驰名中外的国家重点保护文物——蓬莱阁和蓬莱水城，有令人神往的“仙阁凌空”等十大景观，加上“海市蜃楼”奇观和“八仙过海”的美妙传说，向来以“人间仙境”著称于世。

秦始皇、汉武帝曾经在这里眺望海中仙山，求长生不老之药。唐代贞观年间，蓬莱阁被称为龙王庙。北宋时将龙王庙北移，建起蓬莱阁。宋代苏轼曾任登州府5日，留下《蓬莱阁记》《海市》等诗文。

蓬莱水城位于蓬莱市城北丹崖山东麓，是为了防止外敌侵扰而修建的。整个水城靠山临海，攻守兼备，是中国现存的古代海军基地之

大汶口文化中的嵌松石骨雕筒

一，在中国海港建筑史上占有重要地位。

大汶口文化

大汶口文化遗址位于山东省泰山南麓泰安市郊区的大汶口镇，其内涵盖了大汶口文化发展的全过程，距今4500～6400年，属黄河下游地区的新石器时代文化。遗址内涵丰富，有墓葬、房址、窖坑、生产工具、生活用具和装饰品等，十分精美，达到了新石器时代较高的水准。一般认为，大汶口文化早期属于母系氏族社会，后期属于向父系氏族社会过渡阶段，中、晚期已进入父系氏族社会。大汶口文化的发现，为山东地区的龙山文化找到了渊源，也为研究黄淮流域及山东、江浙沿海地区的原始文化提供了重要线索。

孔子·孔庙

孔子名丘，字仲尼，是中国古代最伟大的思想家、教育家、政治家，是对中华文明影响深远的儒家文化的创始者。自汉代开始，儒家文化成为2000多年来中国社会的政治、文化基石，儒家思想也成为了上至帝王、下至平民的全体炎黄子孙的最高道德规范。由于孔子的缘故，小城曲阜也成为了中国最重要的历史文化名城之一。这里修建着全国规模最大的祭祀孔子的地方——孔庙。也是中国规模仅次于故宫的古建筑群，现已列入《世界遗产名录》。

曲阜孔庙是中国孔庙中最大的一座。南北长1000多米，共有厅堂400多间。庙内共有碑碣3000余块，其中有22块汉魏六朝石刻，被人们视为书法、绘画、雕刻艺术的宝库。

珍宝之乡

对于黄金之乡的山东来说，金矿是全省的优势资源，储量、产量均居于全国首位。已探明的金储量占全国探明储量的1/3以上，产量占全国的1/4以上。金矿多分布在鲁东地区，鲁中、鲁西南等地区也具有成金的良好地质条件。著名的焦家金矿区是中国目前已知最大的金矿床之一。

山东出产的金矿石含金量高，质地优良，在国内当属首位。

石油资源

石油和天然气是黄河三角洲最主要的矿产资源之一，全国第二大油田——胜利油田就坐落于此。胜利油田的主要勘探区位于东营市辖区内，还包括淄博、烟台、滨州等8个地区，石油工业已成为东营区域经济的支柱产业。胜利油田的发展大致经历了发现胜利油田（1955～1963）、建成石油工业基地（1964～1978）、生产快速发展（1979～1988）和持续稳定发展4个阶段。经过多年的努力，胜利油田的开发建设取得了令世人瞩目的成果，已建成为中国东部最大的石油工业基地，为中国石油工业的发展做出了重要贡献。

江苏 JIANGSU

江苏位于中国东部沿海，长江、淮河下游，东临黄海，西邻安徽，北接山东，南与浙江、上海接壤，京杭大运河纵贯全省南北。江苏是中华民族的文明发源地之一，具有悠久的历史。江苏居民在几千年的时间里创造了灿烂的吴文化、汉文化，并且不断地将它们深化，形成了自己独特的文化形态。省会南京是中国的六朝古都，有着丰富的历史积淀。三国时的东吴政权、水浒传的作者施耐庵、游遍天下的徐霞客、著名戏剧家梅兰芳，都出自于人杰地灵的江苏。

太湖

太湖古称震泽，又名五湖，位于江苏南部，为我国第三大淡水湖，湖面2000多平方千米，有大小岛屿48个，峰72座。这里山水相依，层次丰富，形成一幅“山外青山湖外湖，黛峰簇簇洞泉布”的自然画卷。太湖沿湖各市、县均有航道与之相通，是江苏省主要的内河航道之一，也是一个天然的巨大水库，可调蓄洪水。湖中的岛屿与沿湖低山丘陵，都是经济林木和温带果树的栽培基地。太湖流域是中国著名的农业发达地区，农产品丰盛，素称“鱼米之乡”。

周庄原名贞丰里，北宋周应熙在此设庄，始称周庄。镇内河汉纵横，水道将古镇分割为井字形，街上处处粉墙花窗，傍水而筑，有“水中桃源”之称。

洪泽湖

洪泽湖位于江苏省西北部淮河中游，是中国第四大淡水湖。洪泽古称破釜塘，隋代称洪泽浦，唐代始称洪泽湖。1128年，黄河侵泗，在淮阴市附近夺取淮河下游河道入海，淮河下游河道受黄河泥沙沉积淤高影响，排泄不畅，逐渐失去了入海水道，中、上游来水就在盱眙以东的一些小型湖泊中蓄积，使湖面相互连通，并逐渐扩大为洪泽湖。洪泽湖是一个浅水型湖泊，常年入湖水量约500亿立方米，其中以淮河入湖水量为最多，约占入湖总水量的70%以上，其余来自潼河、濉河、安河。洪泽湖是中国最大的平原型水库，它西纳淮河、南注长江、东通黄海、北连沂沭，是建设中的“南水北调”东线工程的过水通道。洪泽湖的水生生物资源和湿地生物资源非常丰富，周边有华东最大的芒硝、岩盐矿藏。

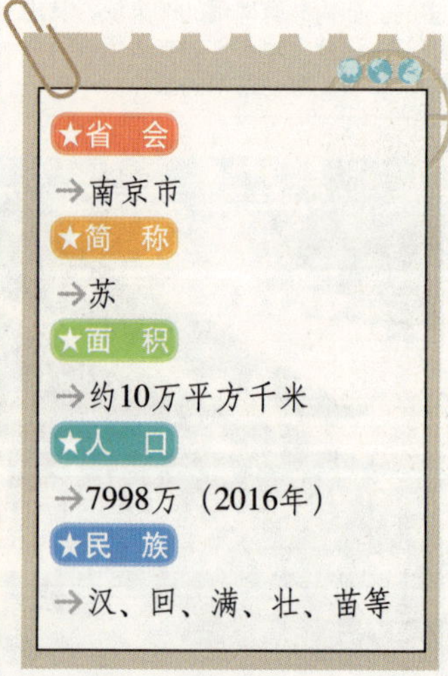

周庄

周庄是位于江苏省昆山市的一个具有900多年历史的水乡古镇，地处上海、苏州之间的江南水乡腹地。这里环境幽静，建筑古朴，虽历经数百年的沧桑，仍完整地保存着原来水乡集镇的建筑风貌。全镇一半以上的民居仍然为明清时代的建筑，在仅有0.4平方千米的古镇内，有近百座古典宅院和60多个砖雕门楼。同时，周庄还保存了14座各具特色的古桥，它们共同构造了一幅美妙的“小桥、流水、人家”的水乡风景画。“四面环水，港汊分歧，咫尺往来，皆需舟楫”，正是古镇周庄的真实写照，宛如一颗镶嵌在淀山湖畔的明珠。

烟雨朦胧的太湖

江苏的城市

南京位于江苏西南，是江苏省的省会，也是中国东部地区重要的综合性工业基地，电子、汽车、化工产品生产在全国位居前列。南京还是著名的六朝古都，拥有悠久的历史和众多的名胜古迹，如今中华门西南的越城，是南京历史上最早的城墙。

扬州位于江苏中部，也是中国的历史文化名城，居民以汉族为主，还有41个少数民族在此居住。这里水陆交通均非常便捷，农业

有“天堂”之称的苏州到处都可以感受到江南水乡的恬静与安详。

发达，自古以来便是鱼米之乡。风景优美，名胜众多，尤其是瘦西湖，聚集了扬州园林的特色。

苏州位于江苏省东南部，是全国10个重点旅游城市之一。苏州城内外多水巷小桥，有“东方威尼斯”之称。苏州历来以其江南水乡的独特风韵吸引着各地的游客。苏州园林更是天下闻名，有“园林之城”的美名。

中山陵内，从牌坊上行到祭堂，共有用花岗岩砌成的392级石阶，8个平台。祭堂为仿宫殿式建筑，门楣上刻有孙中山先生手书的“天地正气”四字。

苏州园林

苏州是中国著名的历史文化名城，素来以山水秀丽、园林典雅而闻名天下，有“江南园林甲天下，苏州园林甲江南”的美称。苏州古典园林的历史可上溯至公元前6世纪春秋时吴王的园囿。私家园林最早见于记载的则是东晋的辟疆园，历代造园兴盛，名园日多。明清时期，苏州成为中国最繁华的地区，园林遍布古城内外，共有宅地园林、市郊园林和寺庙园林3类。苏州现存园林60多个，其中拙政园、

留园位于阊门外，始建于明嘉靖年间，清嘉庆年间归刘蓉峰所有，改名刘园，也叫寒碧山庄。全园以其严谨的布局结构和空间处理得当而居苏州园林之冠。

留园与颐和园、承德避暑山庄并列为中国四大名园，现已列入《世界遗产名录》。

中山陵

中山陵是伟大的民主革命先行者孙中山先生的陵墓，位于南京市东郊，坐落在钟山东峰小茅山的南麓，西邻明孝陵，东毗灵谷寺，整个建筑群吸取了中国古代建筑群的特点，依山势由南向北逐次上升。中山陵自1926年春动工，至1929年夏建成，主要建筑有牌坊、墓道、陵门、碑亭、祭堂和墓室等。

中山陵的建筑风格中西合璧，钟山的雄伟形势与各个牌坊、陵门、碑亭、祭堂和墓室，通过大片绿地和宽广的通天台阶连成一个大的整体，既有深刻的含意，又显得十分庄严肃穆，更有宏伟的气势，设计非常成功，被誉为“中国近代建筑史上的第一陵”。

寒山寺

“姑苏城外寒山寺，夜半钟声到客船。”唐人张继的一首《枫桥夜泊》，虽然只是为了自己排遣愁思，却也让枫桥与寒山寺知名天下。寒山寺位于苏州城西阊门外十里枫桥西南不远处，坐东朝西，门正对古运河。寒山寺始建于梁武帝天监年间，它的规模和洛阳的白马寺不相上下。寺院大门前有一条河，江村桥横跨河上，水面上停泊着几只小船，供游客使用。沿河两岸，绿树掩映，古民居青砖蓝瓦，高高低低，错落有致，一派如诗如画的江南水乡风光。当年的寒山寺钟，据说已流入日本，现存寺内的大钟是寒山寺重建时依据大钟原样仿制的。

瞻园始建于明嘉靖年间，清乾隆南巡时题匾额“瞻园”，是南京市现存历史最久的一座园林。修缮后的瞻园不仅保留了原有的格局特点，还推陈出新，运用了苏州古典园林的研究成果。图为瞻园内景。

宝华玉兰·麋鹿

宝华玉兰是落叶小乔木，高11米，胸径30厘米，零星生长在常绿、落叶阔叶混交林中。早期生长快，成年树生长缓慢，花期3个月，果熟9个月。宝华玉兰对于生长环境要求较高，条件恶劣则难以生长。现在仅于江苏宝华山残留18株，属于濒危物种。

麋鹿别名四不像，因其头似马、角似鹿、尾似驴、蹄似牛而得名。麋鹿原产于中国东部湿润的平原、盆地，于18世纪在国内灭绝。现已从国外引回进行繁殖，在江苏大丰已建立了麋鹿自然保护区，为麋鹿在自然界恢复野生种群提供了良好的自然环境，也利于科学研究。

浙江

ZHEJIANG

浙江省位于中国东南沿海，因为它境内河流浙江而得名。它东临东海，周边与福建、江西、安徽、上海、江苏等省市接壤。浙江省的面积虽然不大，却是中国的经济大省，工农业生产都相当发达，是著名的鱼米之乡和丝绸之乡，拥有“世上最美丽华贵的天城”杭州和繁荣美妙的土地——杭嘉湖平原。浙江的历史悠久，辉煌的河姆渡文明仅仅是个开端，吴越文化几千年的发展创造了浙江灿烂的文化成就，思想家王充、王阳明、黄宗羲、龚自珍，诗人贺知章、骆宾王、孟郊、陆游，科学家沈括，戏剧家李渔等，都是出自浙江。

杭嘉湖平原

杭嘉湖平原是浙江省最大的平原，也是长江三角洲的组成部分，位于太湖以南，浙西低山丘陵以东，钱塘江以北。因处杭州、嘉兴、湖州三角地带而得名。杭嘉湖平原地势平坦，河网密布，大运河纵贯南北，光照充足，气候暖湿，土壤肥沃，农业发达。这里素称“鱼米之乡”，为全国商品粮、蚕茧和淡水鱼生产基地，这里的织锦工艺驰名中外。西部水网平原盛产稻米、蚕茧、淡水鱼；东部滨海则盛产棉花、络麻。杭嘉湖平原是浙江省经济、文化较发达地区。

普陀山

普陀山位于浙江杭州湾以东约185千米处，是舟山群岛中的一个小岛，岛呈狭长形，环岛一周约33千米。普陀山也是我国四大佛教名山之一。前人对普陀山做过如此评价：“以山而兼湖之胜，则推西湖；以山而兼海之胜，当推普陀。” 普陀山风景名胜区属于典型的海

杭嘉湖平原的美丽景色

朝阳阁濒海近崖，为普陀山观日出的最佳处。每当旭日初升，万道霞光如碎金铺海。“朝阳涌日”为普陀十二景之一。

岛风光，山容奇丽多姿，海景辽阔变幻，兼具山、水丽色，并有大量的佛教文物与古迹，既以海天壮阔取胜，又以山林深邃见长。普陀山景区内寺院林立，以普济、法雨、慧济3大寺和不肯去观音院最为著名。

天台山

天台山位于浙江省东部，天台县北。山麓的隋代古刹国清寺，为中国佛教天台宗的发祥地。山区群峰竞秀、飞瀑争泻、云海弥漫，自然景观呈奇、古、清、幽的特点。除了自然景观之外，天台山最为出名的还在于它独特的宗教文化，包括以天台宗为代表的佛教文化、以南宗为代表的道教文化和以理学为代表的儒家文化。1700年来，“两宗”文化互相渗透，形成了佛道共存、三教互融的文化格局。

★省　会
→杭州市
★简　称
→浙
★面　积
→约10万平方千米
★人　口
→5590万（2016年）
★民　族
→汉、畲、壮、苗、回等

钱塘江·钱塘江大桥

钱塘江是浙江省最大的河流，古称浙江、浙水，源出安徽省休宁县西南。钱塘江潮是世界著名的大潮之一，以农历八月十八日的大潮最为壮观，平均潮差5米左右，最大潮差近9米，“滔天浊浪排空来，翻江倒海山为摧”，每年都有一些好奇的观潮者因为躲不过潮头而被卷进白浪中。传说白浪翻涌的潮头是吴国大夫伍子胥身穿白衣站在白马素车上的身影，这个传说为自然力量涂上了一抹神话色彩。

钱塘江大桥由中国著名桥梁专家茅以升主持设计，是中国自行建造的第一座现代化铁路、公路两用桥，位于杭州市区南部，横跨钱塘江两岸，是连接浙赣、沪杭、萧甬铁路的纽带，也是众多公路干线的主要桥梁。

千岛湖

千岛湖位于浙江省杭州西郊淳安县境内，因山青、水秀、洞奇、石怪而被誉为

钱塘江长605千米，流域面积约4.85万平方千米，干流流经皖、浙两省后汇入杭州湾。

“千岛碧水画中游”。湖区面积573平方千米，分为东北、东南、西北、西南、中心5大湖区，湖中拥有众多形态各异的大小岛屿，故有千岛之名。千岛湖的水清澈明净，属国家一级水体，被赞为“天下第一秀水”。千岛湖碧波万顷，千岛竞秀，群山叠翠，峡谷幽深，溪涧清秀，洞石奇异，还有种类众多的生物资源、文物古迹和丰富的土特产品，构成了享誉中外的岛湖风景。

西湖

“欲把西湖比西子，淡妆浓抹总相宜。”西湖是国家重点风景名胜区，位于杭州市区西部。在汉代前这里只是一个海湾，潮汐冲刷泥沙，淤积形成了湖。西湖风景区历史悠久，人文荟萃，既有秀丽的自然风光，也有众多文化意蕴丰富的名胜古迹。主要景点有定名于南宋的西湖十景：断桥残雪、平湖秋月、三潭印月、双峰插云、曲院风荷、苏堤春晓、花港观鱼、南屏晚钟、雷峰夕照、柳浪闻莺，这些景致让人不由得联想到《白蛇传》的优美传说，还有拿着酒葫芦醉笑的济公和尚。

舟山群岛

舟山群岛位于长江口以南、杭州湾以东的浙江省北部海域，古称海中洲，是中国沿海最大的群岛。它由600余座大大小小的岛屿组成，南北长约150千米，东西宽约100千米，面积约1200平方千米。其中主要岛屿有嵊泗、嵊山、岱山岛、大长涂、舟山岛、普陀山、朱家尖、桃花、金塘山、六横岛等，以舟山岛为最大。这些岛屿由西北向东南大致排成8行，每行间都有断裂线通过，长期经历潮流冲刷，形成深水槽谷。岛上有阶地发育，由海相卵石和海生贝壳沙砾质组成，沿岸海崖发育。岱山岛是重要的盐产地。舟山群岛生物资源非常丰富，素有“东海鱼库”之称，盛产大、小黄鱼、带鱼、墨鱼四大海产。知名渔港沈家门有水产加工等工业。

西湖依山而积，湖随山转，山水交融。

灵隐寺·飞来峰

杭州的灵隐寺地处西湖西部，前临冷泉，南对飞来峰，离西湖不远。灵隐寺始建于东晋，到现在已有1600多年历史，是江南著名古刹。历史上，灵隐寺曾有房屋1300多间，僧众3000余人，是中国东南最大的佛寺。

灵隐寺旁的飞来峰也是杭州的名胜。飞来峰的崖壁上，有五代至宋、元年间的石刻造像330余尊，具有较高的艺术价值。相传这座山峰总是飞来飞去，伤害百姓，神僧济公双手托住山峰放在灵隐寺附近，又让人在峰上凿佛像镇住山峰，至今山峰底部的石块上还留着济公当年的手印。

杭州·绍兴

杭州市位于浙江北部，是浙江省省会，地处钱塘江下游北岸，京杭大运河南端。这里平川沃野、河港纵横，气候温和湿润，是江南的鱼米之乡。同时，杭州的丝绸工业也很发达，被誉为丝绸之府。

绍兴市位于浙江省中部偏北，历史悠久，旧时称为会稽，春秋时期属于越国管辖，南宋时被设置为绍兴府，1982年设为绍兴市。绍兴是中国历史文化名城，也是著名的才子之乡，中国现代最伟大的文学家鲁迅就出生于绍兴。

浙江除了美丽的风景，还有闻名国内的美食。图为浙江传统名菜东坡肉。

灵隐寺的大雄宝殿是中国单层重檐的著名建筑之一，为单层三檐歇山式建筑，殿高33.6米，其规模之巨大为国内单层建筑中所罕见。

胡庆余堂自创建以来，收集民间古方、精心配制各种中成药，是杭州的金字招牌。

杭州老字号

杭州自古以来便是繁荣富庶之地，工商业活动非常发达，产生了许多著名的老字号商铺与特产。

楼外楼坐落在西湖北岸的孤山南麓，店名取自“山外青山楼外楼”的诗句，以供应具有杭州地方特色和西湖文化内涵的风味菜肴驰名海内外。

杭州的扇子自宋代起便声名远播。它做工精致，质量上乘，以墨纸扇和檀香扇最具特色，与苏州团扇、湖州羽毛扇并称中国三大名扇。

绸伞也是杭州民间的传统工艺品，以竹为骨，以绸为面，伞骨选用富阳淡竹，质薄轻柔，透风耐晒，造型优美，色彩丰富而又绚丽。

安徽

ANHUI

安徽省位于中国东南部，地跨长江、淮河流域，取安徽境内安庆、徽州两地的首字为名。安徽境内地形多样，河网纵横交错，山川秀美壮丽。这里历史悠久、人杰地灵，历来都是人才辈出之地，在中华民族五千年的史册上书写了光辉的一页，留下了诸如徽派建筑、徽墨歙砚、徽戏等文化瑰宝，为中国的文化做出了卓越贡献。安徽省的民俗风情也非常有特色，由于地处江淮之间，地区的差异和交通状况的不同，造就了安徽省境内南北风情的丰富多彩。

皖中沿江平原

皖中沿江平原位于安徽省中南部长江沿岸和巢湖附近。平原呈东北向，有河漫滩、阶地、湖泊、河口三角洲、江心沙洲、湖心沙洲等多种地形。湖泊主要有巢湖、石臼湖、南漪湖、菜子湖、黄湖、泊湖等。巢湖面积782平方千米，是安徽省最大的湖泊，以产银鱼出名。皖中沿江平原土地肥沃，气候温暖湿润，灌溉方便，是安徽省最著名的鱼米之乡。

巢湖

巢湖位于安徽省中部，又称焦湖，是中国主要淡水鱼区之一。其湖面海拔10米，东西长78千米，南北宽约44千米，是一个由地层陷落所形成的构造湖。巢湖蓄水量36亿立方米，以湖中姥山岛与忠庙一线为界，可分为东、西两湖。西湖位于湖体西北，湖水较浅；东湖湖面宽广，水域较深。巢湖湖区广大，土地肥沃，水产丰富，是安徽省重要的粮、棉、油、麻的生产基地，农

安徽巢湖上的船只是沿湖地区主要的交通工具。

业生产较为发达，沿湖还有多个重要港口。

安徽溶洞群

中国是个多溶洞的国家，位于江南水乡的安徽，因为适宜的气候和地质条件，很多地区都有典型的岩溶地貌发育，形成了许多大大小小的溶洞。这里溶洞中的石钟乳发育形成各种不同的造型，加之洞底积水，构成一个个景色优美的溶岩洞群。在这些溶洞群中，最为著名的有贵池城南的大王洞、蓬莱洞，石台的鱼龙洞和青阳的神仙洞等。

★省　会
→合肥市
★简　称
→皖
★面　积
→约14万平方千米
★人　口
→7027万（2016年）
★民　族
→汉、回、满、壮、苗、彝、畲等

九华山

九华山位于安徽省青阳县城西南，是中国佛教四大名山之一，古名陵阳山。李白游秋浦时遥望这座山，一时诗兴大发，写下“妙有

九华山主峰十王峰，海拔1342米，山中苍松翠竹，奇洞巧石林立。九华山上古刹名胜甚多，素有“莲花佛国”之誉。

江南溶洞群中的著名溶洞——鱼龙洞

分二气，灵山开九华”的名句，陵阳山因而又名为九华山。九华山共有大小山峰99个，最有名的是天台、天柱等9峰，山体由花岗岩组成，风光绮丽，文物众多，有“东南第一山”的美誉。同时也是中国保护较好的佛教名山，山内有许多文物级的庙宇、佛像，相传是地藏王菩萨道场。

黄山的奇松

黄山

黄山是以中生代花岗岩地貌为特征的山川。雄踞于风光秀丽的皖南山区，位于安徽省南部黄山市，山脉东起绩溪县的大嶂山，西接黟县的羊栈岭，北起太平湖，南临徽州山区，总面积1000余平方千米，黄山的莲花峰、光明顶、天都峰三大主峰海拔均在1800米以上，千米以上的高峰另有77座。山上四季都有奇丽的景色。“五岳归来不看山，黄山归来不看岳。”黄山以奇松、怪石、云海、温泉四绝闻名于世。著名胜景有72峰、24溪、3瀑、2湖，迎客松、飞

黟县宏村是安徽古人依据牛状设计出的居民村落。山溪环绕全村，流进各家院落。沿河而居是当地人早已养成的生活习惯。

来石、仙人指路等。黄山还兼有“天然动物园和天下植物园”的美称，已经被联合国列入《世界遗产名录》。另外，黄山对中国山水画的发展产生了重大的影响，黄山画派在中国画坛上占据重要位置，对中国文化、中国画史的影响深远。

天柱山

天柱山位于安徽省潜山县城西北5千米处，又叫作皖山、霍山、潜山等，因其山峰突兀云天，峭拔如柱而得名。这里群峰兀立，危崖罗列，层峦叠嶂，千岩万壑，是著名的风景名胜区，有大量的自然景观与人文古迹。天柱山第一峰天柱峰海拔1485米，号称“中天一柱”。天柱山中佛寺与道观并存，现已成为中国的道教名山之一。天柱山共划分为8大景区，是中国重点风景名胜区之一。这里环境优美，生物资源丰富，其中还有不少名贵花木。

扬子鳄

扬子鳄，又叫作中华鳄、鼍，主要分布于长江中下游，是中国特有的动物，形状好像大蜥蜴，一般栖息在河湖浅滩。近年来由于人口增多、农田施用化肥以及人为的捕杀，扬子鳄的数量急剧减少。中国已公布扬子鳄为禁猎的国家一级保护动物，并在安徽长江以南的青弋江和水阳江流域，建立扬子鳄繁殖研究中心，实行圈养，保护扬子鳄及其栖息繁衍的生活环境。扬子鳄性情温顺，据说它是龙的图腾原型，古人尊它为“猪婆龙”。《聊斋·西湖主》中美丽的西湖王妃就是扬子鳄的化身。

生活在野生动物保护区内的扬子鳄

桃花潭南临黄山、西接九华，与太湖相连。西岸石壁怪石耸立，古树青藤纷披；东岸白沙细石淤积成滩，滩上芦苇簇拥。

江西

JIANGXI

江西位于中国东南部，别称豫章、江右，早在唐代其境属于江南西道，故而得名。江西地处长江中下游南岸，与安徽省、湖北省相邻；南依南岭，与广东省相连；东临武夷山，与福建省、浙江省接壤；西傍罗霄山脉，与湖南省为邻。江西的民族成分相对比较单纯，汉族占了绝大多数。江西拥有丰富而灿烂的文化，滕王阁、白鹿洞书院、瓷都景德镇等地名声显赫，被称为“江南昌盛之地，文章节义之邦”。

赣江

赣江是长江中游主要支流之一，也是江西省最大的河流以及鄱阳湖水系第一大河。东源贡水为正源，出武夷山黄竹岭，由绵水和湘水汇合而成；西源章水出大庾岭。章、贡两水在赣州市汇合后始称赣江。赣江上游，滩多流急，有著名的万安十八滩，万安以下，赣江流经吉泰盆地，江面渐宽、水势渐缓。赣江流域的下游地区，河网纵横密布，水产丰富，是江西省主要的水产基地之一。赣江干流可常年通行100～300吨的轮驳船队和客船。

庐山

庐山位于江西省九江市，紧临鄱阳湖和长江，海拔1474米，山体面积280平方千米，以雄、奇、险、秀闻名。山中多危崖峭壁，清泉飞瀑，山中时常云雾弥漫，所以古人有“不识庐山真面目，只缘身在此山中”的说法。这里春季漫山桃花、杜鹃盛开，夏季气温凉爽，秋季天高云淡，寒冬银

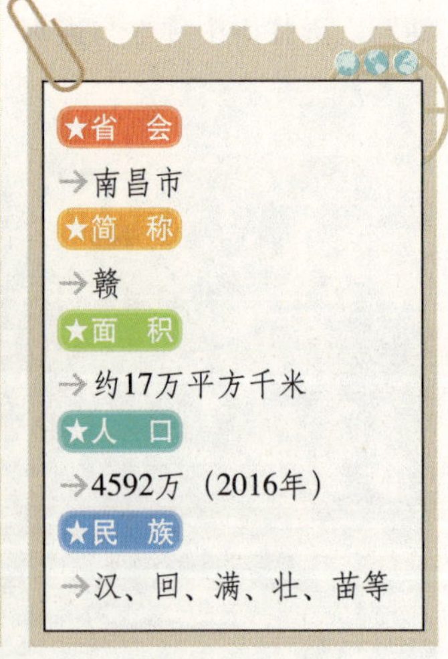

江西的大粮仓——鄱阳湖平原

装素裹，是著名的旅游胜地，并有多种珍稀动植物生存。庐山不仅是知名的风景名山，也是一座佛教名山，是中国佛教净土宗的发源地，山内有三大名寺、五大丛林，更有“飞流直下三千尺”的庐山瀑布。

江西景德镇窑的粉彩花果纹瓶

三清山

三清山位于江西省玉山县西北部，北界德兴市，地当赣、浙、皖、闽之交。主峰玉京峰海拔1861.9米，古称“东南望镇”，曾是古时道人结庐炼丹之地。这里常年云雾缭绕，峰峦起伏，其中玉京、玉虚、玉华3峰突兀而起，直插云天，雄踞于群峰之上，仿佛道教所尊的玉清、上清、太清三神并肩端坐其巅，故而得名三清山。三清山以道教文化渊源而著称，相传东晋时就为道教名士葛洪修道之所，享有“清绝尘嚣天下无双福地，高凌云汉江南第一仙峰”的盛誉。

灵岩洞位于婺源县内黄山余脉，面积约30平方千米，是集自然与人文景观为一体的风景区。洞群由卿云、莲华、琼芝、萃灵等36个溶洞组成。图为灵岩洞内千姿百态的石笋、石花等钟乳石。

庐山的三大名寺指大林寺、西林寺、东林寺；五大丛林是归宗寺、秀峰寺、万杉寺、栖贤寺、海会寺。图为庐山北部的小天池，不仅清波碧浪，而且久旱不涸，久雨不溢。天池西侧的悬崖上，建有天池亭，是欣赏云霞美景的好去处。1996年，庐山被列入《世界遗产名录》。

井冈山主峰名为五指峰，因5座山峰并列，极像人手的五指而得名。

井冈山

井冈山位于江西省中部，跨宁冈、永新、遂川3县及湖南炎陵县境内，属罗霄山脉万洋山北段。井冈山生物资源丰富，森林覆盖率73%。其中国家保护的珍稀濒危植物39种，特有植物10种，为省级自然保护区。第二次国内革命战争时期，毛泽东在此创建了全国第一个农村革命根据地，开辟了中国革命以农村包围城市、武装夺取政权的光辉道路，被称为革命摇篮。井冈山有毛泽东旧居和革命纪念地多处。

南昌

南昌市是江西省省会，位于江西省中部偏北，赣江、抚河下游，濒临中国第一大淡水湖鄱阳湖。南昌历史悠久，西汉高祖六年（前201）立豫章郡置南昌县，以南昌为郡治所，开始了南昌的历史。南昌市境内地势东南平坦，西北丘陵起伏。主要河流有赣江、抚河。作为历史悠久的文化城市，南昌市内颇多名胜古迹，如江南三大名楼之一的滕王阁，有梅岭、百花洲、八大山人纪念馆等。南昌还是重要的革

江西省人多地少，尤其是在山地丘陵占多数的地区，开垦梯田是解决土地矛盾的好方法。图为赣中南丘陵梯田。

命圣地，这里曾爆发了著名的八一南昌起义，掀开了中国共产党建立人民军队的序幕。

景德镇

江西省景德镇地区盛产瓷器，素有瓷都之称，镇名起于北宋景德年间。景德镇瓷器历史悠久，瓷质优良，制作精巧，装饰多样，品种曾多达3000多种，尤以白瓷著名，素有“白如玉，明如镜，薄如纸，声如磬”之称。装饰以青花，粉彩为大宗。以青花、彩瓷、薄胎、雕镶、仿古瓷和各种颜色的釉瓷较为名贵。目前，景德镇内有陶瓷研究所、陶瓷学院和陶瓷历史博物馆，保存及陈列着中国历代陶瓷珍品，并有包括五代和宋、元、明、清各个时期的古窑址、古窑作坊等古陶瓷文化遗存。

滕王阁

“落霞与孤鹜齐飞，秋水共长天一色。”王勃挥毫写就不朽的《滕王阁序》，也因此成就了滕王阁的千古美名。滕王阁位于江西南昌市沿江路的赣江边上，始建于初唐永徽四年（653），系唐太祖李渊第22子滕王李元婴所建，故名滕王阁。1300多年来，滕王阁数次毁于战火，历经兴废28次，始终是中国古代建筑文化的象征之一。

滕王阁高30米，东西长约29米，共3层。现今的滕王阁重建于1989年，距唐代原址近百米。共9层，高57.5米，台基12米以上，面积1.3万平方米，其高度、面积均为天下名楼之冠。

钨都

江西素有“钨都”之称，其钨矿资源分布遍及全省，产地数量多、规模大、资源丰富，黑钨储量居全国首位。江西省的钨矿主要分布在赣南崇义、大余、于都以及九连山、于山等地区。修水县香炉山的钨矿床，是目前江西省最大的钨矿床，储量规模已达到超大型。

白鹤

白鹤又名黑袖鹤、亚洲白鹤，其全身羽色洁白，只有初级飞羽是黑色的，眼周、眼先和头顶呈砖红色，外观显得十分高雅。白鹤栖息于开阔的浅水泥沼、沙滩地带，尤其喜欢有水生植物的沼泽。白鹤主要在鄱阳湖越冬。中国现存白鹤数量已不多，因此被列为国家一级保护动物。

龙虎山由红色沙砾岩构成，是典型的“丹霞地貌”。明净秀美的泸溪河横贯南北，如一条玉带由南向北，把上清宫、龙虎山、仙水岩等景点串联于一线。10千米的山形水色，宛若仙境。

华中地区

华中地区
河南
湖北
湖南

华中地区在自然地理上指中国秦岭、淮河以南，南岭以北，巫山、雪峰山以东长江流域，一般包括湖北省、湖南省和河南省。华中崇山峻岭颇多，五岳中的两岳都位于该区。气候以亚热带湿润季风气候为主。华中地区汉族人口占多数，少数民族以侗、苗、土家等族居多。由于长江、黄河均流经华中境内，以至自然资源相当丰富，有不少珍稀物种和国家一二级保护动植物在这里繁茂地生长或繁衍。此外，华中地区的电力和水利资源也相当丰富。

三门峡

三门峡是黄河中游重要的峡谷，位于河南省三门峡市和山西省平陆县间。旧时黄河河床中有坚硬的岩岛将水道分成3股急流，北为人门，中为神门，南为鬼门，故而得名三门峡。三门峡两岸皆为石峡，水急流湍，壁立千仞，峡中水流冲击河中20多米高的一座石头峰，名“中流砥柱”。黄河水撞过三门后，被两岸半岛巨石束合为一，水流在仅7000多米长、400多米宽的峡谷中经一分一合后，滩险浪急，浊浪排空，声如雷鸣，形成自古以来的黄河天险——三门天险。新中国成立后，兴建了三门峡水利枢纽，最初设计思路是借潼关以上的开阔地形，形成大水库蓄水拦沙。后发现泥沙淤积严重，便改蓄水拦沙为泄水排沙，经1964～1978年两次改建，最终解决了泥沙问题。

洞庭湖的湖区面积1.878万平方千米，天然湖面2740平方千米，另有内湖1200平方千米。

三门峡大坝高106米，长875米，是黄河干流上的第一座大型水利工程。

洞庭湖·洞庭湖平原

洞庭湖位于湖南省北部，是中国第二大淡水湖，也是长江中游重要的吞吐湖泊。它处于荆江南岸，水面跨湘、鄂两省，为断陷湖。湖北有分泄长江水流的四口，另外东、南、西三面河水直接注入湖中，因此水量充沛，汛期长而洪涝频繁。

洞庭湖平原位于湖南省北部，两湖平原的南部，又称洞庭盆地，主要由长江

汉江鸟瞰图

输入的泥沙和洞庭湖水系带来的泥沙冲积而成。平原热量丰富，水域广阔、土层深厚，土壤自然肥力较高，为理想的粮、棉、麻、水产和蚕丝的重要基地。

颍河

颍河是淮河的最大支流，位于河南省东部及安徽省西北部，上游以沙河为主，故又称沙颍河。有三源：正源出河南省登封市嵩山西南；北源贾鲁河源出河南省新密市圣水峪；南源沙河源于河南省鲁山县摩达岭。三源在周口市相汇向东南流过沈丘后入安徽省，至正阳关附近入淮河，长557千米。如从沙河的源头算起则长619千米，远远超过了正阳关以上淮河干流长度。流域地处平原地区，它的上游河流众多，河网密度大，河流水量主要由雨水补给。

汉江

汉江是长江最大支流，又称汉水，源出于陕西省西南部的宁强县附近，干流流经陕、鄂两省，在武汉汇入长江，年径流总量可达539亿立方米。汉江在长江支流中是洪水灾害最严重的一条江。1935年的一次大水，曾经淹死沿河12万居民。新中国建立后，有关部门制定了汉江综合治理规划，建有丹江口水利枢纽工程、汉北大型排涝工程和下游杜家台分洪工程，基本消除水、旱灾害，并发展了发电、灌溉与航运事业。现在汉江已成为长江流域开发利用率最高的大支流。

大别山主峰天堂寨海拔1729米，山间谷地宽广开阔，是主要的农耕地区。大别山南北两侧的水系分别注入长江和淮河。

大别山

大别山位于湖北省、河南省、安徽省交界处，呈东南—西北走向。大别山地势较高，温暖潮湿，降水丰富，生长着多种动植物。大别山区是中国茶叶主产区，其中皖西六安瓜片、豫南信阳毛尖、鄂东北的汉绿都是有名的品种。大别山也是革命名山，解放战争时期，晋冀鲁豫野战军在刘伯承、邓小平的指挥下，千里跃进大别山，一举粉碎了国民党军的"围剿"。到1948年3月，建立了鄂豫、皖西、桐柏、江汉等根据地，完成了战略展开，迫使国民党军处于被动地位，对改变全国战局起了决定性的作用。

王屋山

王屋山位于河南济源境内，素有"北国风光最胜处"之誉。王屋山以主峰天坛为中心，一峰突起、群山环绕，独具"王者风范"。据中国最早的地理志《禹贡》记载，王屋山"以其山形若王者之屋"故而得名。主峰天坛峰，海拔1715米，素有"天下砥柱"之称。王屋山的自然风光与众不同，一年四季阴晴变幻，云烟缭绕，加上奇峰异石，悬泉飞瀑，蔚为奇观。传说王屋山是中华民族的始祖轩辕黄帝祭天之所，千百年来一直被视为炎黄子孙大统天下的圣地，同时也是道教的圣地之一。唐代著名道人司马承桢就在王屋山出家修道，使得道风大胜，被誉为"天下第一洞天"，亦称"天下第一神山"。

王屋山的主峰上有一天坛，相传是轩辕黄帝祈天求雨时建造，由此主峰得名天坛峰。

白鳍豚雌性一般大于同龄的雄性个体。雌性个体最大体长为253厘米，雄性个体为216厘米。

白鳍豚

白鳍豚属于喙豚科，属鲸目的哺乳动物。在头颈部两侧、耳孔后及鳍肢上方的区域内有一半圆形的白色宽纹，是中国特有的淡水豚类，也是世界上淡水豚类中数量最少的一种。由于数量稀少且为中国特有，被人们称为"水中大熊猫"。白鳍豚是水生动物，仅分布于长江沿岸。为保护这一濒临绝灭的珍贵物种，国家已在长江中游的螺山至新滩口江段、石首天鹅洲长江故道以及长江下游的铜陵江段，分别建立了白鳍豚自然保护区。

河南

HENAN

河南地处黄河中、下游，周边与山西、河北、山东、安徽、湖北、陕西等6省接壤。因为这块土地大部分都在黄河以南，所以名叫“河南”。河南古代位居于九州之中，又称为“中州”“中原”，是华夏民族的发祥地之一。河南人民在古老的中原大地上繁衍生息，创造了光辉灿烂的中国古代文化，为后人留下了丰厚的文化遗产。中原是一座真正的华夏民族历史博物馆，中州大地上遗存的各种古迹星罗棋布，包括距今约8000年历史的新郑裴李岗原始聚落遗址、具有五六千年历史的渑池仰韶村文化遗址以及郑州大河村文化遗址。

南阳盆地

南阳市位于河南省西南部，与湖北、陕西毗邻，因地处伏牛山以南、汉水之北而得名，素称“南阳盆地”。南阳盆地是河南省主要农业区，是一个向南开口的扇形盆地。南阳盆地三面环山，北为伏牛山地，东为桐柏山地，西为丹江和唐白河间的分水岭。南阳素有“中州粮仓”之称，这里气候适宜、土壤肥沃，适合进行农耕，生产各种粮食作物与经济作物，盛产小麦、杂粮、水稻和棉花、芝麻、烟叶等，是河南省的商品粮、油、棉、烟基地。南阳市同时也是中国的历史文化名城，以楚汉文化著称，仅载入《二十五史》等历史典籍的名人就有800多位。

洛阳·牡丹

洛阳市简称洛，位于河南省西部，面积15429平方千米，是著名的历史文化名城，也是中国七大古都之一。历史上的东周、东汉、三国魏、西晋、北魏、隋、唐（武则天）、后梁、后周等朝代都先后定都于此，建都时间长达934年，是中国历史上建都时间最长的城市。东汉、魏、晋、隋、唐时代，洛阳是中国乃至全亚洲的经济、文化中心，同时也是中国佛学、理学、经学兴盛之地，五代以后逐渐衰落。

洛阳牡丹也是天下闻

南阳盆地是范围广阔的冲积扇形平原，为河南省的主要农业区。

名，自古以来便有“洛阳牡丹甲天下”的美誉，是如今洛阳市的市花。洛阳牡丹的传说来自唐朝，相传武则天命令牡丹冬天开花，牡丹花神不肯，于是长安的牡丹就被发配到洛阳。后来，牡丹花神在洛阳安家，洛阳牡丹开得越发鲜艳亮丽了。

开封市

开封市简称汴，位于河南省东部，面积6243平方千米，是中国七大古都之一。开封地处中原要地，地理位置优越，水陆交通发达，自春秋时期建城以来，已经有2600多年的历史，战国魏、五代梁、晋、汉、周，北宋及金朝都在开封建都，故称为七朝古都。开封市内目前有相国寺、铁塔、龙亭大殿、禹王台、山陕甘会馆等名胜景观。

殷墟

殷墟位于河南省安阳市区西北小屯村一带，是中国奴隶社会商朝后期的都城遗址，距今已有3300多年历史。殷墟是一座开敞形制的古代都城，雄伟壮阔的宫殿宗庙基址、等级森严的王陵大基、星罗棋布的居住遗

★省　会

→郑州市

★简　称

→豫

★面　积

→约17万平方千米

★人　口

→10788万（2016年）

★民　族

→汉、满、回、蒙古等

开封铁塔建于1049年，高55.88米，素有“天下第一塔”的美称。因遍体通彻褐色琉璃砖，混似铁铸，民间称其为“铁塔”，开封铁塔是中国现存最高、规模最大和历史最为古老的一座琉璃塔。

牡丹与洛阳有特殊的历史渊源。605年，隋炀帝在洛阳建西苑，将野生牡丹移入园内，开辟了野生牡丹培养为园艺花卉新纪元。到了宋朝，洛阳牡丹的发展已达极盛，花色达到9种之多，从此赢得了“洛阳牡丹甲天下”的美誉。

址、家族墓地群，密布其间的手工业作坊和以甲骨文、青铜器、玉器为代表的丰富的文化遗存，构成了殷墟独特的文化内涵，展现出殷商王都的宏大规模和王者气派。殷墟所出土的大量甲骨文和青铜器，对于研究殷商时代的文化与科技起到了至关重要的作用。殷墟发掘出来的文物中，重达875千克的后母戊青铜方鼎以及象牙杯等，均为国宝。

龙门石窟

龙门石窟位于河南省洛阳市南13千米处，密布于伊水两岸的崖壁上，长达1000米。同甘肃的敦煌石窟、山西大同的云冈石窟并称中国古代佛教石窟艺术的三大宝库。龙门石窟开凿于北魏孝文帝由平城（今山西大同）迁都洛阳时期（493），历经东魏、西魏、北齐、隋、唐、宋诸朝，雕凿不断，东西两山现存窟龛共2100多个，佛塔40余座，碑刻题记3600多块，全山造像10万余尊。古代的艺术匠师们以现实生活为源泉，创制了形态各异、大小不同、栩栩如生的艺术形象，为研究中国的雕刻艺术提供了珍贵的实物资料，也折射出了当时的政

龙门石窟雕塑之一

龙门石窟的大佛由雄健可畏变为温和可亲，以宾阳中洞主佛为代表的佛像面部都含着微笑。

治、经济和社会文化时尚，堪称为一座大型石刻艺术博物馆。

嵩山

嵩山位于河南登封市西北，由太室山和少室山组成，海拔分别为1440米和1512米，东西绵延60多千米。嵩山雄伟险峻，气势磅礴，自古有中岳之称，是中国五岳名山之一。嵩山山体从东至西横卧，故有“华山如立，中岳如卧”之说。太室山和少室山各有36峰，共计72峰，峰峰都有传说。在72峰之外，山上还有谷、洞、潭、瀑等各类景致。嵩山名胜古迹遍布，其中有少林寺、北魏嵩岳寺塔、汉封“将军柏”等，合称“中国六最”。嵩山还是中国禅宗的发源地，而位于嵩山的少林寺则堪称中国最富传奇色彩的古老寺院。少林武功精绝，是中国武学的主要流派。

函谷关

函谷关位于距河南省灵宝市区北15千米的王垛村，古代处于洛阳至西安古道中间的崤山至潼关段，多在涧谷之中，深险如函，故称函谷。春秋时秦孝公从晋国手中夺取崤函之地，在此设置函谷关。函谷关是中国历史上建置最早的雄关要塞之一，曾是战马嘶鸣的古战场，素有“一夫当关，万夫莫开”之称。著名的“出谷会师”“六国伐秦”“虢公败戎”“西原大战”等战役都在这里发生。函谷关同时也是中国古代思想家、哲学家老子著述五千言《道德经》的地方，老子著《道德经》的太初宫已经成为国内外道教信仰者祭奠老子的重要场所。

少林寺塔林

湖北

HUBEI

湖北省位于洞庭湖以北，由此得名。处于中国东南部的中心地带，北临河南省，东接安徽省，东南和南部邻江西、湖南两省，西靠重庆市，西北临陕西省。湖北是个多民族的省份，境内一共生活着50个民族，是楚文化的发源地，与中原文化一起构成了中华民族的文化核心。与深沉内敛的中原文化不同的是，楚文化是张扬和绚烂的，充满了浓厚的浪漫主义色彩。在湖北灿烂的文化史上，涌现出了爱国诗人屈原，汉朝名相诸葛亮，唐代大诗人孟浩然等杰出人物。

江汉平原

江汉平原地处湖北省中南部，长江中游，是由长江与汉江冲积而成的平原，故而得名。它与洞庭湖平原一起合称两湖平原。江汉平原西起枝江，东到武汉，北自钟祥，南连洞庭湖平原，面积3万余平方千米。它地势低平，平原内湖泊星罗棋布，水网纵横交织。平原内的湖泊一般底平水浅，能够调蓄江河水量，减轻平原旱涝灾害。江汉平原的湖区是中国的著名水产区，盛产各种鱼类、虾、蟹、贝类和水禽等。同时，江汉平原也是中国的高产优质棉区和中国重要的商品粮基地，其水田集中分布于河间凹地和平原边缘，粮食产量较高。

洪湖

洪湖位于湖北南部，是湖北省内最大的湖泊，流域面积5981平方千米，属于洼地湖。它地理环境优越，

江汉平原上河高田低，全靠河堤束水，才能保证汛期时的安全。

全境属古云梦泽东部的长江冲积平原，地势广阔平坦。境内河渠纵横交织，湖泊甚多。洪湖属亚热带湿润季风气候，四季分明，光照充足，雨量充沛，温和湿润，无霜期长，是发展以水产为主农业生产的理想之地。

★省　会
→武汉市
★简　称
→鄂
★面　积
→约19万平方千米
★人　口
→5885万（2016年）
★民　族
→汉、土家、彝、苗、回、侗、壮、畲等

第二次国内革命时期，洪湖一度成为湘鄂西革命根据地的中心，贺龙、周逸群、段德昌等一批卓越的政治家、军事家以百里洪湖为舞台，建立了感憾全国、流韵万代的功勋。著名的歌剧《洪湖赤卫队》就是这一时期洪湖地区革命斗争的缩影。

长江三峡

长江三峡以其险峻的地形、绮丽的风光、磅礴的气势和众多的古迹称著于世。其中以“雄”著称的瞿塘峡长约8千米，是三峡中最短的一峡，峡口处江面宽不到百米，两岸峭壁如同刀劈，山岩上有“夔门天下雄”。巫峡西起巫山县的大宁河口，

洪湖号称百里长湖，呈多边几何形，湖岸平直，湖底平坦。湖水呈淡绿色，透明度好，是湖北所有湖泊中有机物含量最丰富的湖泊。

东到湖北省的官渡口，全长约40千米，峡中两岸青山连绵，江流曲折，宛如一条天然画廊，两岸为巫山十二峰，在江上只能看到九峰，

长江三峡之一西陵峡

在最东的集仙峰绝壁上，刻有“重崖叠嶂巫峰”，传为诸葛亮所书，故称孔明碑。西陵峡西起秭归县香溪口，东止宜昌市南津关，全长约76千米，是三峡中最长的峡谷，以险峻闻名于世。举世瞩目的三峡工程坝址就选在西陵峡的三斗坪上。1994年12月14日，三峡工程正式开工，预计2009年全部建成。三峡工程将发挥防洪、发电、航运、养殖、旅游、供水灌溉等多种作用，将成为世界上规模最大的水利工程之一。

鸟瞰武当山，漫山遍野，绿意葱茏。方圆300多平方千米内有72峰、36岩、24涧、11洞、3潭、9泉、10池、9井，天成美景尽纳其中。

武当山

武当山位于湖北省西北部丹江口市西南，又名太和山、玄岳山，是中国著名的道教圣地。相传道教信奉的“真武大帝”即在此修仙得道飞升。这里也是武当拳术的发源地。武当意为“非真武不足当之”。武当山有众多的自然胜景和人文胜景，气势雄峻，风光奇美，现存古建筑基本上保持着明初的建筑格局，规模宏伟。令武当山名扬天下的一位重要人物便是一代武学宗师张三丰，他创立的武当派与嵩山少林派齐名。武当武术与道教渊源极深，以养身练功、防身保健为宗旨，以柔克刚，后发制人，自成一派，被称为“内家拳派”。

神农架林区内光线阴暗，太阳需要透过上层乔木才能照射到林内。

神农架

神农架位于湖北省西部，面积3250平方千米。是中国东部最大的原始森林，也是一个充满神秘色彩的区

神农架山体高大，相对高差达2500米以上，年平均气温较低，即使是夏季最热的时候，早晚也要烤火取暖。

域。相传神农氏（炎帝）曾在这里尝遍百草，为民除病，由于山高路险，他不得不搭架攀山采药，因而人们称这里为神农架。神农架地处中国东西、南北植被过渡地带，植物种类非常复杂，现存有1000余树种，其中包括距今1千万～8千万年以前第三纪的珍贵孑遗树种。此外还有众多的珍稀动物，被誉为“华中林海”和“天然动植物园”。现在神农架西南部的大小神农顶上已经建立了国家级自然保护区。

武汉市

武汉市位于湖北东部，由武昌、汉口与汉阳三地组成，俗称武汉三镇，是湖北省省会，面积8406平方千米。由于地处长江沿岸，气候炎热，武汉素有“火炉”之称。作为华中地区的重镇，武汉是长江沿岸的重要港口，中国第二大河港，华中地区的水陆交通枢纽。武汉工业门类齐全，科技力量雄厚，商贸发达，是中国东南部地区特大中心城市之一。同时，武汉也是中国历史文化名城，市内有众多的历史文化古迹，最出名的是江南三大名楼之一的黄鹤楼。武汉还有着光荣的革命传统，武昌起义、“八七”会议、“二七”工人大罢工等革命史上的重要事件，都发生在这里。直至今日，仍留有许多纪念地。

黄鹤楼

黄鹤楼位于武昌蛇山，享有“天下绝景”的盛誉，与湖南岳阳楼，江西滕王阁并称为“江南三大名楼”。黄鹤楼始建于三国时期，传说是吴主孙权为了军事目的而建。至唐朝，其军事性质逐渐褪去，演变为著名的名胜景点，历代文人墨客到此游览，留下不少脍炙人口的诗篇。唐代诗人崔颢一首“昔人已乘黄鹤去，此地空余黄鹤楼。黄鹤一去不复返，白云千载空悠悠。”奠定了黄鹤楼浓郁的文学基调，已成为千古绝唱。

现在的黄鹤楼建成于1985年，是以清同治年间的黄鹤楼为原型设计建造的。

湖南

HUNAN

湖南省位于长江中游、洞庭湖以南，故而得名湖南。北邻湖北，东毗江西，南连广东、广西，西接贵州、重庆。湖南省是个多民族的省份，境内一共居住着51个民族。在少数民族中，苗族和土家族人口最多，主要分布于湘西北，建立有湘西土家族苗族自治州。湖南的历史可以一直上溯到千余年前，至春秋战国时期，楚国势力越湖南下，融合了原有的地方文化，使得湖南成为楚文化的腹地，也是楚文化发展和传播的重要地区之一。

衡山

衡山是五岳中的南岳，位于湖南省衡山县西15千米。全山盘绕400千米，大小山峰72座，以祝融、天柱、芙蓉、紫盖、石廪5峰最为著名。祝融峰之高、水帘洞之奇、方广寺之深、藏经殿之秀为南岳四绝。由于山灵奇秀，为历代帝王祭祀之处。相传舜南巡和禹治水都经过衡山。自六朝以来，南岳就是宗教圣地，目前衡山有众多名胜古迹、修道之所和寺庙。坐落在衡山南岳镇的南岳大庙，是五岳中规模最大、总体布局最完整的古代寺庙建筑。五岳之中，衡山也是绿化面积最大的，处处古木参天，奇花异草，有“五岳独秀”之称。

武陵山

武陵山位于湖南省西北部及湖北、贵州两省边境，长420千米，平均海拔1000米以上。属褶皱山地，为东北—西南走向，是沅江和澧水干流的分水岭。武陵山地是中国新华夏系第三隆起带的一部分，属于向西北突出的弧形构造，有一系列的褶

南岳衡山的自然景色极其秀美。

皱和断裂。山区气候属亚热带向暖温带过渡类型，夏凉冬冷，雨量适中。境内有著名的武陵源风景区。这里山峰陡奇，峰林丛生，森林茂密，两岸山清水秀，景色宜人。此外，还有丰富的矿产资源和许多珍稀的动植物品种。

雪峰山

雪峰山位于湖南省西部沅江与资水间。南起湖南省与广西壮族自治区边境，与大南山相接，北止洞庭湖滨，西侧是湘西丘陵，东侧为湘中丘陵。雪峰山是湖南省东西两部不同自然景观及沅江和资水之间的分水岭，呈东北—西南走向，属褶皱断块山。南段山势陡峻，北段被资水穿切后，渐降为丘陵。总长350千米，冬冷夏凉，潮湿多雨。主峰苏宝顶海拔1934米，位于溆阳与洞口之间。次高峰白马山，海拔1781米。植被以亚热带常绿阔叶林及各种杉木为主，垂直分布明显，森林资源占全省的50%左右。此外，水资源丰富，山区筑有柘溪、黄材、水府庙等水库。

湘江

湘江又名湘水，是湖南省第一大河流，也是长江中游南岸重要的支流。它发源于广西壮族自治区灵川县海洋山西麓的海洋坪，同桂江上源间有灵渠（湘桂运河）相通。自西南向东北，斜贯

★省会

→长沙市

★简称

→湘

★面积

→约21万平方千米

★人口

→6822万（2016年）

★民族

→汉、土家、瑶、壮、苗、白、侗等

橘子洲是湘江下游的冲积沙洲，又称水陆洲，形状像长岛，宛如巨型游轮泊定江心。

湖南省东部，经衡阳市、湘潭市、长沙市等，到湘阴县芦林潭入洞庭湖，干流全长856千米，流域面积9.46万平方千米，共流经17个县市。自河源至零陵为上游段，两岸层峦叠嶂，风景秀丽。零陵至衡山为中游段，沿江丘陵盆地和峡谷交替出现，河道蜿蜒曲折，有较大支流汇入，水量大增。衡山以下为下游段，河谷展宽，沿江有宽阔的河漫滩地和低缓的红土低地。

武陵山

土家族

土家族是一个古老的民族，主要聚集于湖南省武陵山区，他们的先民早在2000多年前就在今湘西、鄂西一带繁衍生息。汉族人大量迁入后，“土家”作为族称开始出现。土家族人自称为“毕兹卡”，意思是“本地人”。新中国成立后，通过民族识别，长期不被承认的土家族被确定为单一民族，并成立了多个民族自治州、自治县。土家族受汉族影响较大，使用汉文，农业生产发达，经济发展迅速，文化教育先进。土家族人生活的地区自然风光秀丽，其中武陵源就是传说中的桃花源。

武陵源

武陵源位于湖南省西北部的武陵山脉中，由张家界、天子山、索溪峪、杨家

土家族的传统舞蹈

凤凰古城与吉首的德夯苗寨，永顺的猛洞河，贵州的梵净山相毗邻，不仅风景秀丽，而且名贤辈出。

界四大各具特色的风景区组成，方圆369平方千米。这里集“山峻、峰奇、水秀、峡幽、洞美”于一体，5000座岩峰千姿百态，耸立在沟壑深幽之中；800条溪流蜿蜒曲折，穿行于石林峡谷之间。武陵源具有比较原始的生态系统，有岩溶洞穴、瀑布群和大片天然森林，以及罕见的砂岩峰林地貌景观，堪称“天然去雕饰”的人间仙境。同时也是资源丰富的绿色植物宝库和野生动物乐园，有植物3000余种，动物100余种。1992年被联合国教科文组织列为世界自然遗产。

岳阳楼

岳阳楼位于湖南岳阳市城西，耸立在820平方米的城台上，巍峨壮观，是座集历史、文化、艺术、旅游、建筑诸价值于一身的古建筑精品。它与武汉的黄鹤楼、南昌的滕王阁并称为“江南三大名楼”，与洞庭湖和君山合称为“岳阳楼—洞庭湖”风景名胜区。岳阳楼初建于220年前后，距今已有1700多年，三国时期被鲁肃用作阅军楼；南北朝时名为巴陵城楼；初唐时又称为南楼；中唐李白赋诗后，才称之岳阳楼。到1045年，滕子京重修岳阳楼，请友范仲淹作了《岳阳楼记》嵌在二楼，从此，岳阳楼名声大振。现存岳阳楼为清同治六年（1867）重修，主楼通高19.72米，纯木结构。楼内有清初书法家张照所书的《岳阳楼记》木雕屏和晚清书法家何绍基书刻的楹联。

岳阳楼南北各有一门，匾额上分别写有“南极潇湘”和“北通巫峡”。

华南地区

华南地区

- 福建
- 海南
- 广东

华南地区一般包括位于中国南部的福建省、广东省和海南省。地形以高原和山地为主，属热带、南亚热带气候。居民除汉族以外，还有壮、苗、畲、回、高山等少数民族。华南地区地理位置优越，交通运输发达，经济基础较好，是中国经济建设的前沿地带，也是中国对外开放的窗口之一。除了拥有丰富的土地、水、气、生物、矿产和旅游资源外，还有较好的工业、商业和外贸基础。

珠江三角洲

珠江三角洲位于南海北岸，广东省中部珠江河口，是中国第二大三角洲，也是亚洲第六、世界第十五的三角洲。它由西江、北江、东江及潭江、绥江、流溪河、增江等在珠江河口湾内堆积而成，是华南地区最大的平原。“三江汇合，八口分流”是珠江三角洲水系的重要特色。珠江三角洲地区富庶丰饶，是中国著名的经济发达地区。

东南沿海丘陵

东南沿海丘陵是自然地理单元的名称，位于中国东南部沿海，具有亚热带山地丘陵景观和滨海景观，包括了全部福建省和浙江、广东两省的部分地区。这部分地区峰峦逶迤，河流纵横。漫长曲折的海岸线附近，岛屿星罗棋布，林木四季常青，也有许多优良的天然港口，有利于沿海经济开发。此外，开放城市福州、厦门都位于这一区域。

北部湾

北部湾是南海西北部一个半封闭的海湾，位于广东省雷州半岛、海南省海南岛和广西壮族自治区及越南之间，旧时称为东京湾。水深在10～60米，海底平坦，三面为陆地环抱，饵料丰富，盛产鱼、虾、蟹、贝，是中国重要的渔场之一。此外，沿岸浅海和滩涂面积广阔，是发展海水养殖的优良场所，驰名中外的合浦珍珠（又称南珠）就产在这里。相传，当地太守为官不正，珍珠蚌就全部离开了这片海域，后来换了个清廉太守，珠蚌又迁了回来，这就是“合浦珠还”的典故。

↑瑞安依山面海，地势从西向东缓缓倾斜，属东南沿海丘陵地区。东部为沿海冲积平原，土地肥沃，河渠成网；西部群山延绵，是常年苍翠葱茏的绿色宝库，山川秀丽。飞云江水常年滔滔不息，淡水资源充足，口外有丰富的石油气资源正在勘探开发。沿海滩涂已围成万亩垦区，发展海洋经济前景十分广阔。

福建

FUJIAN

福建省位于中国大陆东南沿海，东临台湾海峡，与台湾省隔海相望，是中国的重要门户。福建众多的少数民族，都保留了自己独特的民族文化与民俗风情，有闽南语、福州话、客家话等多种方言。福建是著名的侨乡，历史上不断地进行人口的迁入与迁出，当地的古越文化与来自中原地区的中原文化、荆楚文化逐渐渗透融合，由此形成了别具特色的闽文化。

福建湄州妈祖庙内14米高的妈祖石雕塑像

马祖列岛

地处福建省连江县的马祖列岛，位于闽江口外，因为列岛中的南竿塘岛上有个马祖澳而得名。马祖列岛距大陆海岸有数千米之遥，由高登、北竿、南竿、东犬、西犬等岛屿组成。它们犬牙交错地遍布在海上，与大陆一衣带水，隔海相望。岛上具有优美的天然景色和丰富的人文景观，是一座名副其实的海上公园。在近几百年里，马祖列岛在中国古代战争史上也扮演了重要的角色。明代的剿倭名将戚继光，就曾派军驻过马祖列岛，建烽火台用来报警、监视海面，倭寇终于销声匿迹。而明末的郑成功，为了抗清也曾选拔精壮校尉驻防在马祖列岛。

闽江

闽江是福建省最大的河流，发源于武夷山脉，上

繁忙紧张的厦门港

★省 会

→福州市

★简 称

→闽

★面 积

→约12万平方千米

★人 口

→3874万（2016年）

★民 族

→汉、满、壮、苗、彝、畲、高山等

游有三源：北源建溪，中源富屯溪，南源沙溪。福建省的简称“闽”就是来源于闽江。闽江水系中、上游滩多水急，水力资源丰富；但闽江属于山区型河流，航道滩多流急，航槽窄，弯曲半径小，因此航运能力较低。闽江流域自然资源丰富，是中国重要的林业基地，沿岸旅游景点也为数不少。

晋江

晋江是福建南部的主要河流，介于闽江与九龙江之间，发源于戴云山脉，至晋江市入海。晋江流域在历史上起过重要作用，流域内众多名胜古迹，是中外宗教文化荟萃之区，也是“海上丝绸之路”的起点。晋江的河谷大部分是峡谷，水土流失问题严重，河水含泥沙量较大，有些类似于黄河。

武夷山位于闽、赣之间，呈北东走向，长约540千米。黄岗山海拔2158米，是武夷山脉最高峰。武夷山峰岩林立，兼有黄山的云海奇峰和桂林的山青水碧，自具韵致。

闽江下游水流缓慢，江面平静。图为位于闽江下游江中的金山寺。

武夷山

武夷山地处福建省西北部，是东南沿海的重要山脉，也是东南沿海地区重要的自然地理界线。武夷山西部是全球生物多样性保护的关键地区，分布着世界同纬度带现存最完整、最典型、面积最大的中亚热带原生性森林生态系统；东部山与水完美结合，人文与自然有机相融，以秀水、奇峰、幽谷、险壑等诸多美景，悠久的历史文化和众多的文物古迹而享有盛誉；中部是联系东西部并涵养九曲溪水源，保持良好生态环境的重要区域。同时，由于武夷山内有众多的珍稀动植物，中国政府特建立了武夷山自然保护区，是中国加入“国际生物圈保护网”的重点自然保护区之一。

东山风动石之奇、险、悬居全国60多块风动石之首，是东山岛的标志性景观。站在风动石下面，观风动石危如累卵，非常惊险。

岩石景观

福建在燕山运动时地壳隆起上升，堆积了一层厚厚的火山灰和一大片花岗岩，还有一些石英砂岩、石英岩等。福建的名山胜景大部分都是由这些不同的岩石构成。这些岩石在地质运动和福建海岛气候的影响下裸露出地表，风吹雨打、海浪冲刷，天长日久，自然逐渐将它们雕琢成各种千奇百怪的样

厦门是一座美丽的海港风景城市，整个海岸线蜿蜒曲折，全长234千米。港外岛屿众多，港内群山环抱，港阔水深，终年不冻。“城在海上，海在城中”，构成了厦门的总体风格。

子，怪石群一望无际，颇为壮观。比如被誉为“天下第一奇石”的东山风动石，一块4米高的巨石临海而立，一阵清风吹过就显出摇摇欲坠的样子，但千百年来仍然屹立在海滨悬崖上。泉州也有一块这样的奇石，两次七级地震都没有挪动它半步，但是人手一推就会摇摇晃晃。

东山岛四面环海，冬暖夏凉，岛上八尺门的“海上牧场”，人工养殖了各种名贵的海产品。

福州·厦门

福州市是福建省省会，位于福建省东部、闽江下游，东濒东海，与台湾省隔海相望。福州别名“三山”“左海”“榕城”，是中国东南沿海的开放港口城市，也是中国历史文化名城。福州矿产资源较丰富，工业以化工、冶金为基础，轻工、纺织为支柱，各门类都具备比较先进的技术设备。

厦门市位于福建省东南部沿海，是中国经济特区之一，也是著名侨乡和港口风景城市，市内有多个少数民族。厦门原本是个海岛，1957年鹰厦铁路建成通车后方才

和大陆连成一体。改革开放以来，厦门依托经济特区的开放政策，发展非常迅速。

鼓浪屿

被称为“海上花园”的鼓浪屿，与厦门市区之间相隔了500米宽的鹭江。鼓浪屿古代叫作圆洲仔，由于屿上西南海滨有一个受海水冲击侵蚀而成的礁穴，浪花拍击在上面，声音好像擂鼓一样，因此明代将它改称“鼓浪”屿。屿上碧波、白云、绿树交相辉映，处处给人以整洁幽静的感觉。小岛完好地保留着许多具有中外各种建筑风格的建筑物，有人说这里是“万国建筑博览会”。鼓浪屿因为大自然的音乐而得名，屿上的居民也特别喜爱音乐，这里是全国钢琴拥有密度最大的地方，所以又有“琴岛”的美称。

妈祖信仰·爱蛇的习俗

妈祖信仰是福建文化和民俗的重要部分。妈祖的原型是古代福建女子林默娘，她能查看病人体内病状，还能预报天气变化，使渔民

土楼为生土建筑，由土、石、竹、木等构筑而成。主承重的墙体用生土夯实，墙中放树枝、木条等为“筋骨”，以加固土楼。土楼分圆形和方形两种。图为圆形土楼。

们避过台风等带来的危险，转危为安。人们非常感激她，都把她当作神女、龙女来崇拜。林默娘的“圣迹”向四面八方传开，老百姓亲切称她为“妈祖”。妈祖的形象已经成为人们心目中善良、智慧和正义的化身，妈祖崇拜中反映了一种世界大同的崇高理想和深切的人文关怀，也在海外华人心中起到了文化纽带的作用。中国沿海地区普遍存在着妈祖信仰，比如天津的天后娘娘，台湾的妈祖女神等。

除了妈祖文化外，福建还随处可见崇拜蛇的风气，南平一带有过蛇王庙，闽南有过蛇郎君的传说，情节酷似《美女与野兽》的故事，只不过主人公是变成王子的五步蛇。直到现在南平还有人蛇共游的习俗。

土楼

土楼是福建著名的民居形式，主要分布于闽西和闽南客家人居住的地方，是客家人传统的民居建筑，体现着客家人与众不同的聚族而居的民俗风情。土楼以土作墙建造起来，供一个部族的全体成员居住，有多种多样的形状，其中以圆形的土楼，也称圆楼或圆寨，最为著名，也最引人注目。土楼有着一般民宅所没有的优点，不仅能防震、防潮、防盗，还能起到保温隔热作用，冬暖夏凉，被誉为世界上独一无二的神话般的山区建筑。

南普陀寺背倚秀奇群峰，面临碧澄海港，风景绝佳。主体建筑大雄宝殿建于1926年，绿瓦石柱，雕梁画栋，集中体现了闽南古建筑的传统工艺。该寺还于1925年创办了当时中国国内最早的佛教学府，即闽南佛学院。

南普陀寺

南普陀寺位于厦门岛南部五老峰下，始建于唐代，为闽南佛教圣地之一。寺内天王殿、大雄宝殿、大悲殿建筑精美，雄伟壮观，各殿供奉弥勒、三世尊佛、千手观音、四大天王、十八罗汉等，妙相庄严，引得海内外善男信女络绎不绝，寺里一直香火鼎盛。藏经阁珍藏的佛教文物丰富多彩，有经典、佛像、宋代铜钟、古书等，其中以明万历年间血书《妙法莲花经》和何朝宗名作“白瓷观音”最为名贵。寺宇周围保留众多题刻，著名的有明万历陈第、沈有容题名石刻和清乾隆御制碑。

海南
HAINAN

海南省是中国最美丽的热带省份，位于南海海域，包括海南岛和西沙、南沙、中沙群岛礁及其海域。海南岛北隔琼州海峡与广东雷州半岛相望，西临北部湾与越南为邻，东南为南海及西太平洋。黎族是海南最早的原住民，远在新石器时代的早期，就有黎族先民跨海进入海南岛，开始了海南的文明历程。此后，由于海南僻处天涯海角，被历朝历代用作贬官流放之地，也为荒僻边远的海南带来了中原的先进文化，对海南文化的发展可谓影响深远。

海南岛的“鹿回头”雕塑

五指山

五指山位于海南省中南部，因主峰状如五指得名，但并不是传说中镇压孙悟空的五指山。五指山是花岗岩组成，由于地处热带，终年高温多雨，这种优越的自然条件，使这里森林成片，生长茂密，种类繁多，动物种群复杂，不同类型植物分界明显，有“绿色宝库”的美称，而且多种珍贵动物都在其中繁衍生息。五指山的经济林以橡胶林为主，橡胶也就成了当地的重要产业之一。

五指山区覆盖着热带森林，层层叠叠，逶迤不尽。

万泉河

万泉河位于海南岛东部，又称万全河，是海南岛第三大河。有两源：南源乐会水为干流，出五指山林背村南岭；北源定安水出黎母岭南，在琼海市合口咀汇合，始称万泉河，经嘉积至博鳌港入南海。万泉河上游两岸高峰耸立，河道滩多水急，水力资源丰富。下游地势平坦，河道宽阔，水中盛产鲤鱼。万泉河风景区位于万泉河中游，芳草如茵，明媚秀丽，犹如一颗镶嵌在万泉河上的明珠。

南沙群岛

位于南海南部的南沙群岛是南海诸岛中分布海域最广，岛礁最多，但却是一个平均每个岛礁面积最小的珊瑚岛群。南沙群岛北起礼乐滩北的雄南礁，南至亚西南暗沙；西自万安滩，东到海马滩，整个岛群呈北东南西方向展布，略成不规则的四边形，共有岛礁沙滩200多个。南沙群岛自古以来就是中国的领土，在中国古代有“千里长沙、万里石塘”之称，具有特殊的热带珊瑚岛的自然景观，海洋生物丰富，盛产多种热带鱼类、海龟、海参、贝类、椰子等。南沙群岛还是重要的海底油气远景区。此外，南沙群岛对于气象观测、台风预报和无线电通讯也具有特殊意义。

★省　会

→海口市

★简　称

→琼

★面　积

→约3.4万平方千米

★人　口

→917万（2016年）

★民　族

→汉、黎、苗、回、壮等

海口·三亚

海口市是海南省的省会，位于海南岛北岸的南渡江口，是一座具有热带风光的滨海港口城市。因其地

西沙群岛位于海南岛东南面，是中国南海四大群岛之一，由永乐群岛和宣德群岛组成。群岛四周海水洁净，各种珊瑚、海洋植物和鱼类栖息在此。这里是古代中国南海航线的必经之处，有“海上丝绸之路”之称。

万泉河干流全长163千米，总流域面积3693平方千米。河岸两侧雾气茫茫，呈现出一幅宁静和谐的美景。

亚龙湾海阔天蓝，有“东方夏威夷”之美誉。

西沙群岛地处热带中部，属热带季风气候，炎热湿润，但无酷暑。傍晚色彩层次丰富、绚丽多姿的彩霞映红了天际，把西沙的天空渲染得格外迷人。

处河流入海之口，故名海口。辖振东、新华、秀英3个区。海口地处热带，属热带海洋性气候，长年无霜，冬短夏长。海口港与海口新港作为对外开放的港口，与大陆沿海和长江沿岸港口通航，并与日本、新加坡、马来西亚、香港等国家和地区的港口有贸易往来。

三亚市位于海南岛南端，是海南省新兴的热带滨海旅游港口城市，也是中国重要的育种基地。三亚市地处沿海，风景秀丽，椰林树影，蓝天白云，充满了热带海岛的迷人风情，是著名的旅游度假胜地。

亚龙湾

亚龙湾位于距三亚市东南25千米处，三面青山相拥，南面呈月牙形向大海敞开。这里气候宜人，冬可避寒、夏可消暑，自然风光优美，青山连绵起伏，海湾波平浪静，湛蓝的海水清澈如镜，柔软的沙滩洁白如银。

“三亚归来不看海，除却亚龙不是湾”是游人对亚龙湾由衷的赞誉。亚龙湾海底珊瑚礁保存十分完好，生活着众多形态各异，色彩缤纷的热带鱼种，属国家级珊瑚礁重点保护区。可以说这里不仅是滨海浴场，也是难得的潜水胜地。

天涯海角海畔沙滩银白，上面奇石参差错落，形态各异。崖上所刻“天涯”“海角”四字分别是清雍正年间和宣统年间崖州知州所题。

黎族

黎族是中国少数民族之一，也是海南岛的原住民，主要居住在海南省中南部黎族苗族自治州，其余散居在万宁、屯昌、琼海、澄迈、儋县、定安等县与汉族杂居。黎族源于古代百越的一支，与壮、布依、侗、水、傣等民族有着密切的关系。新中国成立前，黎族基本上处于封建地主经济发展阶段，解放后黎族人民的生活、教育水平得到了迅速提高。黎族人民具有光荣的革命传统，特别是从第一次国内革命战争时期起，与汉、苗等族人民一起进行革命斗争，黎族聚居的五指山区是海南岛的主要革命根据地。

黎族妇女的传统服饰

百花岭瀑布

百花岭瀑布位于海南省琼中县，是中国境内落差较大的瀑布之一。百花岭海拔1100米，其第二峰上有瀑布悬挂山间，飞珠溅玉，状如花雨，故而得名。百花岭瀑布的源头在海拔700米的第二峰上，犹如一条雪白的哈达悬挂在山间，水流顺崖而下300米，形成“金龙吐珠”“神丹妙药”“仙女散花”“观音望莲”4级瀑布。百花岭瀑布4级形态各异，姿态万千，岭上古树参天，百花争艳，是风光奇妙的旅游胜地。

天涯海角

天涯海角位于海南三亚市（古称崖州）境内，南沿海岸，远望大海无际。古代海南属边荒之地，交通闭塞，“鸟飞尚需半年程”的琼岛，人烟稀少，荒芜凄凉，是封建王朝流放贬官罪臣之地。来到这里的人，来

猕猴又叫“恒河猴”，一般体长55~60厘米，尾长25~32厘米，体重5千克左右。岛上有猴群30多群，各由“猴王”率领，常与游人嬉闹，取食。

珊瑚玲珑剔透、色彩缤纷，被南海渔民称为“海石花”。

去无路，望海兴叹，故谓之“天涯海角”。宋朝名臣胡铨哀叹“区区万里天涯路，野草若烟正断魂”。这里记载着历史上贬官逆臣的悲剧人生，经历代文人墨客的题咏描绘，成为中国富有神奇色彩的著名“天堂”胜地，已成为海内外游客游览海南的必到之地。

南湾猴岛

中国沿海有几处猕猴聚集的小岛，俗称猴岛，其中最出名的当数海南南湾猴岛。南湾猴岛原名南湾半岛，1965年建立猕猴保护区，得名猴子岛。猴岛三面临海，一面和陆地相连，横卧于海南陵水县新村港南面的海湾里，全岛面积10平方千米，海拔250米，12座大小不等的山峦绵延起伏，隔海分望，整个半岛就像一只巨大的铁锚抛在碧波浩瀚的南海。现南湾半岛是海南岛八处自然保护区之一，是全国唯一驯养繁殖成群猕猴的地方。经过多年精心护理，这里的猕猴已从1965年的60多只增加到1200只，共25群，其中两群基本上经过人工驯化。

海南的海底世界

海南省具有得天独厚的

猴岛风景

潜水条件，其海底世界也是吸引游人的焦点之一。海南岛沿海海湾和西沙群岛海水长年温度宜人、毫无污染、清澈透明，海底有五颜六色的珊瑚礁、热带鱼以及种类繁多的贝类和海底生物。尤其是西沙群岛、亚龙湾、大东海等处海水清澈，透明度可达6～10米，被国际潜水专家认为是北太平洋最适宜潜水的地方。

蜈支洲岛

“蜈支”是一种罕见的海洋硬壳类爬行动物，被誉为“海上桃源”的蜈支洲岛散发出迷人的原始气息。相传曾有一道士得慕美景，占此岛为修炼之地，后崖州太守认为这等美景只属天上有，不应一人独享，就将它辟为游览胜地。蜈支洲岛是中国开发的第一个热带旅游袖珍小岛，因为该岛曾是军事禁区，所以环境保护异常良好，植被丰富，生态各异，拥有得天独厚的原始生态与自然风光。这里有许多珍稀的树种，包括被称为植物界中大熊猫的龙血树。小岛的周围热带鱼类种类繁多，海底的珊瑚礁也保存完好，加之海水能见度极高，堪称三亚首选的潜水之地。

永兴岛

永兴岛位于南海的西沙群岛中央，是南海诸岛中最大的岛屿，东西长约1950米，南北宽约1350米，面积1.85平方千米。永兴岛得名于接收西沙群岛的军舰的名字，是西沙群岛、中沙群岛和南沙群岛的人民政府所在地。因岛上林木深密，又名“林岛”。永兴岛是由白色珊瑚贝壳沙堆积在礁平台上形成的，地势平坦，平均高约5米，岛中为干涸湖。岛上终年皆夏，盛产椰子、木瓜、香蕉等水果。每月补给船到达时，全岛居民都会放假两天，去码头卸鸡、鸭、猪、土豆、黄瓜、邮件等物资。

东郊椰林位于文昌市东郊镇海滨，这里椰树成片，椰姿百态，有红椰、青椰、良种矮椰、高椰、水椰等品种共50多万株。由于东郊椰林附近是大片的水域，水边有礁石和大片的红树林，上游有部分淡水注入，饵料丰富，风浪很小，适合养殖，所以渔民在此地的海边建设了大量鱼排，养殖了许多经济鱼类。

广东
GUANGDONG

广东省因宋朝时其辖境属于广南东路而得名。位于中国大陆南部，与港澳相邻，与福建省、江西省、湖南省、广西壮族自治区接壤，南临南海，西南端隔琼州海峡与海南省相望。广东是人口大省，民族成分复杂，共有53个少数民族在境内居住。同时也是著名的侨乡，有大量华侨、海外华人与归侨。广东省内引中原文化，外纳海外文化，具有更广泛的包容性。

丹霞地貌

丹霞地貌是指红色砂岩经长期风化剥离和流水侵蚀，形成孤立的山峰和陡峭的奇岩怪石，是巨厚红色砂、砾岩层中沿垂直节理发育的各种地貌的总称。主要发育于侏罗纪至第三纪的水平或缓倾的红色地层中，以广东省北部丹霞山最为典型。丹霞地貌区通常都是奇峰林立、景色瑰丽，旅游资源丰富，如丹霞山、金鸡岭、武夷山等早已成为著名风景区，而且沿垂直节理崩塌的陡崖使巨厚的红色砂、砾岩层暴露无遗，对研究、恢复红色盆地的古地理环境具有重要意义。

珠江

珠江是中国第三大河，旧称粤江，原指广州到入海口的一段河道，因为河中有海珠岛而得名，后来逐渐成为西江、北江、东江的总称。珠江由三大水系构成，包括西江水系，北江水系和东江水系，其中西江水系为干流，流域面积占珠江流域全面积76.4%。主源南盘江发源于云南省沾益县的马雄

丹霞山以其险、奇、秀、古的风貌与罗浮山、西樵山、鼎湖山并列为广东四大名山。

珠江流域水资源丰富，洪水峰高、量大、历时长，每年的暴雨洪水多出现在6～8月，枯水期一般为10月至翌年3月。

山，流经石灰岩分布地区，形成许多伏流、瀑布和峡谷。下游经多次分流，经磨刀门水道入南海。

广州·深圳

广州市是广东省的省会，位于广东中部。传说古代曾经有5位仙人，骑五色仙羊，带着稻穗，降临于此，所以广州又名五羊城，简称为“穗”。广州在清朝五口通商前是中国唯一的对外贸易口岸，也是古代海上“丝绸之路”的发源地。广州是中国南方交通枢纽和对外开放的门户，以中国“南大门”著称，经济发达。

深圳位于广东东南部，是一座年轻的移民城市。作为改革开放以后全国第一个经济特区，短短20年间，深圳从一个小渔村发展成为了繁华的新兴现代化城市，创造了为世人瞩目的“深圳速度”。

海上丝绸之路

海上丝绸之路又称“香药之路”“陶瓷之路”，从广州起始的丝绸之路不断向西方延伸，在秦汉时期就可到达印度半岛南端，南北朝时期能通往西亚，隋唐时期

★省　会
→广州市
★简　称
→粤
★面　积
→约18万平方千米
★人　口
→12684万（2021年）
★民　族
→汉、壮、瑶、畲、回等

高耸入云的深圳地王大厦

已经能够直达东非沿岸，供中国与海外诸国进行通商贸易。中国的丝绸、陶瓷、茶叶等商品，火药、印刷术、指南针等发明以及哲学思想等沿着海上丝绸之路传往西方，丰富了西方人的生活，加快了世界文明的发展历程。海上丝绸之路的发展高潮在明朝郑和下西洋的时候，而到了清代之后，由于清政府奉行闭关锁国的政策，这条路也逐渐走到了尽头。

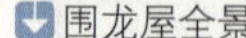
围龙屋全景

雷州半岛

雷州半岛位于广东省西南部，伸入南海北部湾和雷州湾间，隔琼州海峡与海南岛相望，是中国三大半岛之一，因多雷暴而得名。雷州半岛地势起伏缓和，河流短促，植被稀疏，大部分地区为草地和灌木丛，水土流失严重，土壤干燥贫瘠。新中国成立后大力植树造林，促进了农业发展，可种植以橡胶、剑麻为主的热带作物。半岛主要城市湛江市，为中国南方重要港口，有铁路通往外地。

围龙屋是客家人创造的一种民居形式。它不仅以其独特的造型引人注目，而且它的防御性、舒适性也是值得称道的。围龙屋住起来很舒适，它屋内较为宽敞，极易得到凉爽的穿堂风，透过高高的门洞还可以看见外面的池塘、田野和屋前屋后的菜园与果树。

肇庆星湖

肇庆星湖风景区是由七星岩、鼎湖山两大景区所组成的。前者位于距肇庆市北部4千米，后者则位于距市东北郊18千米。两区相距不远，但景色各具特色，是国家重点风景名胜区。

七星岩景区由散落在

广阔湖区的七岩、八洞、五湖、六岗组成，以山奇水秀、湖山相映、洞穴幽奇见胜。景区内7座挺拔秀丽的石灰岩山峰布列如北斗七星，故名七星岩。

鼎湖山景区以亚热带天然森林、溪流飞瀑、深山古寺见长。从世界范围来看，整条北回归带几乎全是沙漠或干旱草原。而纬度相当的鼎湖山景区，由于受季风影响，却是一片生机盎然的亚热带、热带森林，所以为各国科学家所注目，已成为联合国教科文组织“人与生物圈”生态系统定位研究站，为世界重要的自然保护区。

客家人

“客家”并非一个少数民族，而是汉民族的一个支系。客家人原本就是中原汉族人，古代因防范和开发“南蛮”、宫廷内讧受贬、战乱和自然灾害等种种原因，形成了6次大南徙，与南方的百越族，主要是畲、黎、瑶等族融合而成了一支独具特色的民系。相对于迁入地区的原居民而言，他们是客，因而称为“客家人”。客家人是汉民族的一支重要的支系，也是汉民系的独特而稳定的群体，其聚集地主要为赣南、闽西、粤东这块三角区，这里有29个纯客县，是客家人的大本营。

韶关小坑国家森林公园位于曲江区内，面积160多平方千米，林中动植物资源丰富，拥有野生植物1600多种，其中属国家重点保护的有33种。园内的龙湖约4平方千米，形如月牙，湖中有岛，湖边还散落着小木屋。

西南地区

西南地区

- 广西
- 重庆
- 四川
- 贵州
- 云南
- 西藏

西南地区一般指位于中国西南部的3省2区1市，包括四川省、云南省、贵州省，西藏自治区、广西壮族自治区以及重庆市。西南地区多山地、丘陵和盆地，以亚热带山地高原气候为主。西南人口分布极不均匀。汉族为主，有藏、彝、傣、白、壮、苗等少数民族。全区原有经济基础薄弱，是中国经济比较落后地区之一。但自然条件复杂，资源丰富，发展潜力大。可建成全国性的以水电为主的能源基地，以冶金、机械、化工、军工为主的重工业基地，强大的林牧业基地。

大娄山

大娄山是贵州省北部的山脉，又称娄山，是赤水河与乌江水系的分水岭，也是贵州高原和四川盆地的界山。它北起贵州省与四川省边境，南止乌江上游的鸭池河。呈东北—西南走向，长300多千米。最高峰金佛山风吹顶，海拔2251米，位于重庆境内。金顶山为贵州境内著名的山峰，位于遵义西北，高1608米。大娄山属于中亚热带湿润季风气候，作物可以一年二熟，是贵州省的稻、麦、油菜产区。在贵州省、重庆市边界还有水杉、银杉等珍贵的活化石。娄山关是四川省、贵州省的交通孔道，它的隘口是由黔入渝的军事要隘。

梯田一般种植双季稻，5月、10月正值水稻成熟期，金黄的色彩夹杂在田间，色块与线条相缠绕，自成一番景致。每年的12月，农民将水灌入田间，梯田接天，是天成的人间奇迹。

梅里的气候变幻无常，雪雨阴晴全在瞬息之间。既有高原的壮丽，又有江南的秀美，这里植被茂密，属于青藏高原高寒植被类型，呈现出多个由热带向北寒带过渡的植物分布带谱。

哀牢山

哀牢山起于大理州南部，止于红河州南部，是元江与阿墨江的分水岭，为云南高原和横断山脉两大地貌区的分界线，也是云南高原气候的天然屏障。特殊的地理位置、复杂的地貌类型、多样的山地气候，给哀牢山的生物种类提供了良好的生存繁衍环境。本区的植被具明显的垂直带谱，山顶部的森林是目前中国保存面积最大的中山常绿阔叶林，里面繁衍生息着多种多样的珍稀动植物，具有重大的科学研究价值。哀牢山自然保护区位于云南省新平、双柏、楚雄、景东、镇源5县市交界处，主要保护对象为常绿阔叶林及野生动物。

梅里雪山

梅里雪山位于横断山脉纵谷地区，云南迪庆藏族自治州德钦县和西藏的察隅县交界处，距离昆明849千米，属于怒山山脉中段，处于世界闻名的金沙江、澜沧江、怒江“三江并流”地区，连绵十三峰，座座晶莹壮丽。由于垂直气候明显，雪山的气候变化相当剧烈，既有高原的壮丽，又有江南的秀美，十三峰中最高的卡瓦格博峰，为云南第一高峰，同时也是康巴藏民顶礼膜拜的“神山”。20世纪30年代，探游过世界不少名山大川的美国学者洛克博称卡瓦格博峰是“世界上最美的山”。

嘉陵江干流流域面积16万平方千米，是长江支流中面积最大的河流。干流自北向南，渠江自东北向西南，涪江自西北向东南，三大水系在合川附近汇合，构成扇形向心水系。

金沙江

金沙江是长江上游从青海省玉树县巴塘河口到四川省宜宾市岷江口的一段，古

早在阿尔卑斯运动前，长江沿着横断山脉向南奔流。后阿尔卑斯—喜马拉雅山新构造运动，使石鼓镇南部抬升为高山，江流改道，形成了江流急转的大观。在丽江城西的石鼓镇，金沙江转向冲开崇山峻岭的重重阻拦，掉头北上又东去，形成一个巨大的“V”形转弯，就是著名的“万里长江第一湾”。纳西语称这里为“剌巴”，意为虎啸处或虎族之花。

金沙江犹如一条轻拂的绸带，从青色的群山间飘然而下。两岸墨绿色的护堤林和碧绿的稻田为她镶上两条深淡相间的花边。依山而建的小镇错落有致，石阶蜿蜒而上，纵贯小镇。镇中的小街宽约数米，均由青石板铺成，整个小镇显得安静祥和。

名叫作神川、丽水、绳水，因江中出产沙金而得名。金沙江是长江干流段中最长的一段，长2920千米。干流穿流在川、藏边境沙鲁里山和宁静山间，到云南省丽江纳西族自治县的石鼓以后，急转东北流，至无量河口，江流深切高原，形成谷深达3000米以上的虎跳峡，两岸悬崖飞瀑，水流湍急。金沙江流域内97%属于山区，区内山川纵横，峰峻谷深，江中险滩栉比，礁石林立，水量丰沛，水力资源极为丰富，约占全国的1/6。

嘉陵江

嘉陵江是长江上游支流，位于四川省东部，发源于陕西省凤县秦岭南麓，向西南流经陕西、甘肃、四川3省，到重庆市入长江。主要支流有西汉水、白龙江、渠江、涪江等。上游穿行于山岭之中，河谷深邃狭窄，河床比降大；中、下游为四川盆地，地势平缓，在合川区附近纳渠、涪两江后，水量大增。嘉陵江流域大部分属亚热带湿润季风气候，水量丰沛，但常常产生严重洪灾。流域内水产资源丰富，鱼类繁多，盛产龟、鳖等。

藏传佛教

藏传佛教流传于中国西藏、青海、甘肃一带的藏族居住区以及内蒙古地区。7世纪尼泊尔的尺尊公主和唐朝文成公主嫁给松赞干布，各自带去了佛像、佛经和法物，在拉萨修建了大昭寺和小昭寺，这就是藏传佛教的起源。8世纪时，西藏王再次派人到长安和印度取经，佛教开始兴盛。到了9世纪，赤祖德赞执政，任命师僧为军政大臣，藏传佛教开始广泛流传。后来西藏的反佛大臣刺杀了西藏王，全面禁佛，藏传佛教遭受到毁灭性打击。前后历时200多年，史称“前宏期”。

黑颈鹤属鹤形目，鹤科，是大型涉禽。目前全世界只有5000多只。西藏自治区加强了对其的保护，使黑颈鹤在雅鲁藏布江河谷、拉萨河河谷一带越冬时可以随意觅食。

藏传佛教的“后宏期”始于10世纪后半叶。当时前后藏的一些吐蕃王孙派人从甘青藏区前往印度寻求佛法，佛教再度兴起。这一时期各种藏传佛教教派也逐渐形成。印度许多高僧到西藏传法译经，西藏也有大量僧人前往印度、尼泊尔学法。由此，藏传佛教在藏区世代流传下来，并且得到元、明、清各朝历代君主的承认。

瑶族

瑶族主要分布于广西、广东、湖南、贵州和云南等省。瑶族和苗族有密切的亲属关系，同源于秦汉时的“武陵蛮”部落。大分散、小集中是瑶族分布的特点。瑶族有本民族的语言，但没有本民族文字，由于地域差异的缘故，方言区别明显。各地瑶族一般都会说汉话。瑶族人民在风俗习惯方面一直保有本民族传统的特点，尤其在衣着上更为明显，各支系的居住地区不同而有着服饰、饮食、居住的差别。瑶族人民喜爱唱歌，每逢节日或喜庆日子，都要唱起嘹亮动人的歌谣。

“达努节”是瑶语，意为“不要忘记”，在农历的五月二十九日。相传这一天，是瑶族始祖“祖娘”的生日，所以又叫“祖娘节”。

黑颈鹤

黑颈鹤主要分布在青

海、西藏、甘肃，在世界5大鹤种中，是被动物学家认识最晚的一种鹤。黑颈鹤体长130厘米左右，体羽大都呈银灰色，前颈及上颈腹面披以黑羽，属高原鹤类，是中国一级重点保护野生动物，属世界濒危物种。黑颈鹤是世界上唯一生长、繁殖在高原的鹤，一般生活在湖泊、沼泽地带或者湖边灌丛中，生性机警，当敌害接近时，就扇动两翼，慢跑几步起飞。黑颈鹤喜食农作物、昆虫、小型两栖爬行动物和水生植物。黑颈鹤藏语叫“中中”或“中中嘎莫”，意为“鹤”“白鹤”。与汉族喜爱丹顶鹤一样，藏族对黑颈鹤非常喜爱，并将它视为吉祥鸟而倍加爱护。

喜马拉雅山

喜马拉雅山位于西藏高原的南侧，是一条近似东西走向并向南延伸的弧形山系，也是世界上最高大的山系。其主峰珠穆朗玛峰海拔8844.43米，为世界第一高峰。它分布在西藏和巴基斯坦、印度、尼泊尔、不丹等国境内，其主要部分在中国和尼泊尔交界处。

喜马拉雅山是世界上最年轻的山脉之一，年龄在1000万~2000万年。由许多平行的山脉组成，由北向南分为柴斯克山、拉达克山、大喜马拉雅山、小喜马拉雅山和西瓦利克山等4带，主脉以大喜马拉雅山最为高峻，宽约50~90千米，主要有结晶岩石构成。大喜马拉雅山脉平均海拔在6000米以上，高峰林立，超过7000米的高峰有50多座，8000米以上的山峰有16座，包括耸立在中国和尼泊尔边境的世界第一高峰珠穆朗玛峰。在珠穆朗玛峰周围5000多平方千米范围内，有8000米以上的高峰4座，7000米以上的高峰38座。喜马拉雅山在众多河流的侵蚀和切割下，形成众多深达数千米的峡谷通道，成为西藏和周边地区贸易往来和文化交流的捷径。

由于地势高寒，喜马拉雅山发育了许多规模巨大的冰川。雪线以下的数百千米范围内，冰塔林立，相对高度可达40~50米，其间夹杂着幽深的冰洞、曲折的冰面溪流，景色奇特。喜马拉雅山脉南面陡峭，而北坡较平缓。南斜面高出恒河、印度河平原6000~7000米，构成一道巨大的天然屏障。北面以缓坡和藏南谷地相接，宜农宜牧，成为藏族人民的生活聚居地。

喜马拉雅山脉俯瞰

广西 GUANGXI

广西壮族自治区因为宋代其辖境属广南西路而得名。地处中国南疆，南临北部湾，与海南省隔海相望，东接广东，东北连湖南，西北接贵州，西邻云南，西南与越南交界。以壮族聚居区为基础的自治区，壮族人口约占34%，同时也是中国5个自治区中人口最多的一个。广西文化也融合了汉壮各族的特色。春秋战国时期广西先民在左江沿岸创作的花山崖壁画，汉代前制造的大铜鼓以及古朴典雅的壮族干栏式建筑等，都是广西古代文化的杰作。

岩溶地貌

岩溶地貌旧称喀斯特地貌，是指石灰岩受水的溶蚀作用和伴随的机械作用形成各种地貌，如石芽、石沟、石林、溶洞、地下河等。在水流作用下，地下水对碳酸盐岩不断产生侵蚀作用，形成陡峭的海岸、弯曲的沟壑、高高的冰蚀悬谷、气势磅礴的大峡谷等奇观。具有岩溶地貌的地区，往往奇峰林立，溶洞遍布。桂林就是一个典型的岩溶奇观。中国是个多溶洞的国家，尤其以广西境内的溶洞著称，如桂林的七星岩、芦迪岩等，千奇百怪，变化万千。

大瑶山

大瑶山位于广西壮族自治区中部偏东的金秀瑶族自治县，是桂江与柳江的分水岭。大瑶山呈东北—西南走向，延伸到象州、蒙山、平南等8县境内，北起荔浦修仁—三江断裂带，南至桂平市石龙附近。大瑶山东南

★首府
→南宁市
★简称
→桂
★面积
→约24万平方千米
★人口
→5579万（2016年）
★民族
→壮、汉、侗、回、苗、瑶、水、彝等

中国的岩溶地貌主要位于云南、贵州、广西、重庆等地。早在20世纪90年代，中国已将较大的典型岩溶地貌列入世界遗产预备清单。但由于岩溶地貌的研究工作十分复杂和艰难，至今尚未向世界遗产委员会申请将岩溶地貌列入《世界遗产名录》。

坡是广西多雨中心之一，成为众河之源，动植物资源丰富，其中不乏众多珍稀品种。大瑶山是广西最大的水源涵养林区，区内分布有大面积的丹霞地貌，风景秀丽，旅游资源丰富，对当地的气候调节、水土保持和促进区域经济发展均具有重要意义。

红水河的大化—古河河段长42千米，人称“八十里画廊”，是大化水电站建成后形成的宽300～500米的峡谷水库。

乐业天坑群

世界上最大的天坑群——乐业天坑，是一组岩溶溶洞群，位于广西的乐业县，当地人把它们叫作“大石围”。乐业天坑形成于6500万年前，形状犹如一个个巨大漏斗，隐藏在群山峻岭之中。它由23个天坑组成，其中最大的大石围天坑垂直高度居世界第二，底部分布的原始森林面积为世界第一。大曹溶洞地下大厅是中国最大的地下大厅，也是世界第二的地下大厅，完全可以放得下一个北京工人体育场。乐业天坑群几乎囊括了各种类型的天坑和溶洞景观，具有极高的科考、探险价值，被专家称为“天坑博物馆”和“世界岩溶圣地”。

大瑶山内植被类型多样，垂直带谱比较完整，区内已知植物有213科，870属，2335种。其中，国家重点保护植物有10多种。

红水河

红水河位于广西壮族自治区西北部，是西江上游的别称。上游干流南盘江，源

出云南省曲靖市马雄山，在广西西林县与清水河汇合后，沿西林、隆林、田林3县至贵州省望谟县双江口，汇北盘江后始称红水河，东南流到象州县石龙镇的三江口，至柳江汇合处止。红水河多峡谷、险滩，水流湍急，不利于航行，但水量大，落差集中，蕴藏的可开发水力资源十分丰富，为珠江水系之首，居全国第六位。红水河水利发展梯级开发已被列为国家重点开发项目。

漓江

漓江位于广西壮族自治区东北部，发源于兴安县猫儿山，流经桂林市、阳朔县，在梧州市汇入西江。漓江风景区是世界上规模最大，风景最美的岩溶山水旅游区，有“桂林山水甲天下”的美称。从桂林到阳朔，秀丽而澄清的漓江像蜿蜒的玉带，环绕在苍翠的群山之中。乘舟泛游漓江，可见两岸峭壁屏立，石乳似群龙戏水，风光旖旎，处处充满着诗情画意。沿漓江两岸著名风景甚多，其中黄牛峡至水落村段是漓江风光的精华所在。因为漓江的水源流经的都是被植被覆盖的石灰岩地段，不会夹带多少泥沙，所以水质尤其干净。

位于贵州、广西两省交界的月亮山有世界苗族中最古老、最原始的历史文化。

郁江

郁江位于广西的西南部，是珠江流域西江水系最大的支流，占珠江流域面积的1/5。其中大部分在中国境内，其余在越南境内。郁江流域纵贯广西和云南的9

漓江山水一直是人们最喜爱的世外桃源，这里不仅山美水美，也包含了人们众多的希望和向往。

个地区、35个县市，沿岸住着壮、汉、苗、瑶等民族上千万居民。郁江在汉、魏、南北朝属古郁水的一段，水流较缓，水位变化小，水患较小，利于航运。干流两岸植被良好，河流含沙量小。郁江水力资源较丰富，对于发展滇、桂、黔贫困地区的国民经济，具有重大作用。

灵渠

灵渠位于桂林市东北66千米的兴安县城边，全长34千米，建于秦始皇执政时期，是中国开凿较早的运河。灵渠同四川的都江堰、陕西的郑国渠一样，都显示了中国古代水利建设的科技水平。它连接湘、漓二江，沟通了长江水系和珠江水系，由于设计科学，结构灵巧，对今天的水利工程仍有参考价值。灵渠的开凿，使南江北国连成一体，促进了汉民族与岭南各少数民族之间经济、政治与文化的交流，在中国的统一和发展历程中，起到了无法估量的巨大作用。

桂林市

桂林市位于广西壮族自治区的东北部，是中国的历史文化名城之一，也是世界著名的风景旅游城市，素有“桂林山水甲天下”之说。桂林市位于五岭之南，地处亚热带，气候宜人，雨量充沛，境内溶洞众多，奇峰异石，地下河发育，地上江流清澈，尤以其山水相依的岩溶地貌独特地理景观著称于世，桂林漓江风景区是世界上规模最大，风景最优美的岩溶地貌山水旅游区，一直为游人所赞颂。

灵渠将许多水系相互连接起来，曾建有36道船闸，以提升渠道水位，保证上行船只通过。灵渠景区包括分水塘、铧嘴、大天平、小天平、南北二渠、三将军墓、秦堤、飞来石、四贤祠等。

阳朔风光

阳朔是中国著名的风景名胜地，位于广西壮族自治区阳朔县。这里石灰岩地形发育，漓江自北向南贯流。山峰奇异，江水清澈，秀丽

桂林青山碧水，风光别有洞天。

壮族妇女擅长纺织和刺绣，所织的壮布和壮锦，均以图案精美和色彩艳丽著称。

阳朔有各种奇特的山峰两万多座，大小河流16条，还有传说中歌仙刘三姐抛绣球定情的千年古榕，恰似一座瑰丽多彩的大公园。

的阳朔风光，自古有“桂林山水甲天下，阳朔山水甲桂林”之说。有书童山、兴坪、画山、屏风山、碧莲峰、曹邺读书岩等名胜。阳朔县城的主峰为碧莲峰，山势嵯峨，山林四季苍翠，东临漓江，山峰倒映在江中，异常秀丽。周围遍植桂树和各种花木，风景优美。镇东北有莲花岩，岩上的古莲高达百余米，蔚为壮观。

壮族

壮族是中国少数民族中人口较多的民族之一，广西壮族自治区的壮族主要分布在南宁、百色、河池、柳州4个地区。壮族历史悠久，在秦朝势力进入岭南以前，中国东南沿海就居住着“百越”族群，壮族就是由“百越”的一支发展形成的。壮族喜欢依山傍水而居。在青山绿水之间，点缀着一栋栋干栏式木楼，这就是壮族人的传统民居。壮族的舞蹈具有鲜明的民族特点和浓厚的生活气息，民歌更是举世闻名。壮乡素有“歌海”之称，被誉为“歌仙”的刘三姐，就是壮族民间歌手的典型代表。

"茶族皇后"

金花茶属山茶科，是国家一级保护稀有种，是世界珍贵、稀有的观赏植物和种植资源，有"茶族皇后"的美称。金花茶植物为喜暖热植物，有喜润好湿、喜阴耐阴的特性，营养生长期要求较高，而花期遇雨过多易引起落花。中国的金花茶仅分布于广西南部。

金花茶可入药，制成的保健茶很受欢迎。

白头叶猴·瑶山蜥蜴

白头叶猴又名白头乌猿，为国家一级保护动物，主要分布于广西等地。它躯体纤瘦，四肢细长，尾长超过体长。头颈、上肩、四肢下部及后半段尾毛呈白色，头顶毛冠呈白色上竖，上体毛黑色、有光泽。性情机敏，善于攀援。主要以野果为食，兼食花、树叶、嫩芽等。

瑶山蜥蜴又叫作鳄蜥、大睡蛇、雷公蛇、落水狗，是爬行动物。它是广西特有的国家一级保护动物，也是世界级珍稀动物。它的体形介于鳄鱼与蜥蜴之间，体侧棕黄色，杂有黑纹。经常栖息于常绿阔叶林中的山涧溪旁。常伏在树上假睡，一旦受惊便立即落水潜逃。

白头叶猴是半树栖半岩栖的热带猴类，在中国只在广西有野生群落。

真武阁是3层重檐楼阁，呈方塔形，全阁用3000条大小不一的格木串联，互相制约。二层楼上有4根内柱，承受着上层楼的沉重荷载。

经略台真武阁

经略台真武阁位于广西容县城东人民公园内。经略台传说是唐朝诗人元结任容管经略使时，为操练军士、登高望远而筑，台上原有建筑经历代兴废已难考。现台上所存真武阁据说是明朝万历元年（1573）所建，虽经多次重修，但仍保持明代的样式。全阁以"杠杆结构"平衡建筑，不用一钉一铆。400多年来，虽经地震、风暴的多次袭击，却安然无损，成为中国古代建筑史上一大奇观。

重庆 CHONGQING

重庆市原为四川省的一部分，1997年成为中国的第四个直辖市。重庆位于中国西南部，东邻湖北、湖南两省，南靠贵州，西依四川，北接陕西，依山建造，人称“山城”，城市内主要的街道就是石阶。重庆历史悠久，早在距今约2万～3万年前的旧石器时代末期，就已经有了古人类生活的足迹。古代巴人创造了灿烂辉煌的巴文化，而后世的重庆作为长江沿岸的重要港口，更是形成了火爆直率的“码头文化”。重庆在中国的文化史上占有重要的地位，儒家思想的重要组成部分——程朱理学就发源于此。

白帝城

白帝城位于瞿塘峡口的长江北岸。据传西汉末年，公孙述割据四川，自称蜀王，因见此地一口井中常有白色烟雾升腾，形似白龙，故自称白帝，在此建都，并改名白帝城。白帝城东依夔门，西傍八阵图，三面环水，雄踞水陆要津，为历代兵家必争之地，是观“夔门天下雄”的最佳地点。历代众多著名诗人在此留下大量诗篇。李白“朝辞白帝彩云间，千里江陵一日还。两岸猿声啼不住，轻舟已过万重山”的诗句更是脍炙人口。故白帝城又有“诗城”的美誉。三国蜀汉皇帝刘备讨伐东吴，兵败白帝城，忧伤成疾，临终前在白帝城永安宫向丞相诸葛亮托孤。白帝城内现还保存有白帝庙。

丰都鬼城

举世闻名的丰都名城又名“鬼城”，位于重庆市下游72千米的长江北岸，是集儒、道、佛教文化为一体的

重庆市的夜景

丰都鬼城的名山海拔288米，呈东西走向。自唐代以来，这里陆续建造了40多座庙宇，儒道兼备，有巴渝名胜之称。

民俗文化艺术宝库，堪称中国神曲之乡。相传在西汉和东汉时期，有人在此修道升天，因此，道家将这里作为72福地洞天之一。后人以讹传讹，丰都也就成了鬼城。虽阎王判官小鬼只是传说虚妄，但其惩恶扬善的社会教化功能又为人们所称道。“鬼城”丰都的名山，以其悠久的历史，独特的文化内涵，神奇的传说，秀美的风光和难以替代的研究价值，展示出东方神韵，吸引着无数中外游客。

嘉陵江小三峡

嘉陵江是长江北岸的主要支流之一，全长1120千米。小三峡以北碚为中心，从巨梁滩到巴豆林，由沥鼻峡、温塘峡、观音峡组成。上为沥鼻峡，位于合川盐井镇一带，峡中江流湍急，水深莫测，峡岸群峰高耸，峻峭幽深，有巨梁滩、狮子坟、笑和尚、牛鼻洞、猴子石、磨子沱等绮丽景观。中是温塘峡，入峡江水咆哮奔腾，旋涡叠生，气势磅礴；峡壁两岸相距不过200米，悬崖挺立，犹如刀凿斧削；峡岩之腰，泉如汤涌，云根窦生，景色秀丽，为小三峡之冠。下有观音峡，峡口岸边有巨石屹立，形如石笏，俗称文笔石，旁边悬崖高处有一古刹，名观音阁，峡因阁得名。观音峡两岸绝壁万仞，怪石嶙峋，江水蜿蜒曲折，为嘉陵小三峡中最险峻的一个。

天坑附近的天井峡地缝全长14千米，分上、下两段。地缝两壁陡峭，缝底有水流，是典型的“一线天”景观。

小寨天坑

小寨天坑位于奉节县城91千米的荆竹乡小寨村。“天坑”在地理学上叫“岩溶漏斗地貌”。小寨天坑坑口的地面标高1331米，深666.2米，坑口直径622米，坑底直径522米。坑壁四周陡峭，在东北方向峭壁上有小道通到坑底。坑壁有两级台地:位于300米深处的一级台地宽2~10米，台地上有两间房屋，曾有人隐居；另一级台地位于400米深处，呈斜坡状，坡地上草木丛生，野花烂漫，坑壁有几个悬泉飞泻坑底。坑底下边有自天井峡地缝流来的地下河，河道长约4千米，从迷宫峡排出。小寨天坑就是这个地下河的一个“天窗”，被洞穴研究专家评为“天下第一坑”，属当今世界闻名的洞穴奇观。

大足石刻

大足石刻

大足石刻位于重庆大足县，全县有石刻40余处。以宝顶山、北山的规模最大，刻像最集中，造型最精美，是唐宋时期石刻艺术的代表作，同时也是中国晚期石窟艺术的优秀代表作品。大足石刻摩岩造像达5万多尊，以题材广泛、内容丰富、技艺精湛著称，建于1179～1249年，历时70年，沿岩壁开凿，长500米，造像近万尊，其中尤以举世无双的千手观音和长达31米的卧佛最为著名。大足石刻雕塑纤细、清秀、潇洒、柔和，以其丰富的内容、宏大的规模和精湛的艺术，在宗教、艺术、文化史上占有重要地位，是一座难得的文化艺术宝库。

神女峰

神女峰位于距巫山县城东约15千米处的大江北岸。一根巨石突兀于青峰云霞之中，宛若一个亭亭玉立、美丽动人的少女，故而得名。古人有“峰峦上主云霄，山脚直插江中，议者谓泰、华、衡、庐皆无此奇”之说。每当云烟缭绕峰顶，人形石柱像披上薄纱似的，更显脉脉含情，妩媚动人。每天第一个迎来灿烂的朝霞，又最后一个送走绚丽的晚霞，故又名“望霞峰”。

悬棺的最大特点是一律由西向东放置，将死者的头部朝向东方。

神女峰是巫峡十二峰中最具传奇色彩的一峰，相传是王母的小女儿瑶姬耐不住天宫的寂寞，于是下凡立在巫峡中，为船只指明方向。

悬棺

在三峡两岸的悬崖峭壁上，凌空架放着不少木棺，棺木多由整块的楠木挖凿而成，下宽上窄，头大脚小，长约2米。这是古代越族人的悬棺。越族人是中国古代的一个少数民族，大约在春秋前后定居在重庆地区以及川东南、滇东、黔西北一带。越族人首领因为帮助周武王伐纣有功，被封为“越族侯”，并建立侯国。到了明代以后便从历史上消失了。悬棺成为越族人留下来的重要遗迹，具有极高的历史价值。

重庆的农业主产有稻谷、小麦、玉米等。农业耕种利用地势，以梯田为主。

四川

SICHUAN

四川人杰地灵，物阜民丰，自古以来被誉为“天府之国”。它地处中国西南部，东邻重庆，南接云贵，西至西藏，北连甘、陕、青，是西南、西北和华中三大地区的接合部，也是中国人口最多的省区，有52个民族在此居住。公元前250年，李冰修建的都江堰造就了物华天宝的四川经济；唐代诗人李白、杜甫与宋代文豪苏轼等人的绚丽篇章写就了绮丽多姿的四川文化。这片群山大川环绕的盆地中，既有冰川雪山，又有竹海彩林，是名副其实的人间天堂。

成都

四川省会成都市，是中国最适宜休闲居住的城市之一，面积11939平方千米，居住了44个民族。西汉、三国、西晋、东晋、五代、前蜀、后蜀等王朝先后在成都建立了自己的都城。现在的成都则是西南重要的科技、商贸、金融中心和交通、通讯枢纽。境内地势差异显著，西北高，东南低。西部属四川盆地边缘，以深丘和山地为主，东部属四川盆地盆底平原，是成都平原的腹心地带。成都地区属亚热带湿润季风气候，温暖湿润，四季分明。杜甫诗句中“晓看红湿处，花重锦官城”的锦官城正是成都，可见成都的美丽。而《赠花卿》中的“锦城丝管日纷纷”又恰到好处地体现了这座城市的闲适。

贡嘎山

在藏语中，“贡”是雪，“嘎”是白，“贡嘎山”的意思是“洁白的雪峰”。这座美丽的雪峰被誉为“蜀山之王”，位于川藏交界处，主峰高7590米，是

四川省会成都市一角

贡嘎山面积1万平方千米，有现代冰川71条。这里还有中国最大的冰瀑布，每逢雪崩时气势磅礴壮观。

四川第一高峰，也是世界著名高峰之一。贡嘎山区是现代冰川较完整的地区，由于冰川运动，造就了举世罕见的冰川奇观。贡嘎山最奇特的地方在于它的生态和气候都呈垂直变化：山顶白雪皑皑，山腰秋木稀疏，山脚鲜花灿烂。各个植物带之间层次鲜明，爬上山峰就能一路感受四季变化，是世界上罕见的生态奇观。

岷江

岷江是四川省境内长江支流中水量最丰富的河流。它从松潘南流到茂县、汶川，出岷山山区，进入成都平原。被都江堰分割出支脉，然后重新汇合，过新津、彭山、眉州直达乐山。经过举世闻名的“乐山大佛”所在地凌云山西面时，大渡河汇入其中，然后它继续南流，走向东南方，在宜宾汇入长江。它的水系分布形状很像扇子，大小支流一共有90余条，如从大渡河源起算，岷江长度就有1203千米，流域面积达13.9万平方千米，而长度差不多的大渡河，流域面积却只有9.2万平方千米。

★省　会

→成都市

★简　称

→川、蜀

★面　积

→约49万平方千米

★人　口

→8262万（2016年）

★民　族

→汉、彝、藏、羌、回、土家、苗、傈僳等

都江堰

都江堰是中国古代最伟大的水利工程之一。成都平原西部的岷江，历来水患肆虐，秦昭王时期，蜀郡太守李冰决心治理水害，开始大规模修筑都江堰。他在玉垒山凿出“宝瓶口”，使岷江能够流向东方，避免了水害；又在江心填筑了鱼嘴分水堤，把岷江分为两支，一支灌溉成都平原，一支流向下游。为了进一步控制流入宝瓶口的水量，在鱼嘴分水堤的尾部，又修建了分洪用的平水槽和“飞沙堰”溢洪道。都江堰建成后，成都平原根除了水旱灾害，农业经济逐渐发达起来，成为中国的重要粮仓，从此，四川被后世之人称为“天府之国”。

宝瓶口是前山伸向岷江的进水咽喉，因形似瓶口而得名。宝瓶口的宽度和底高有严格的控制，那时已经有了中国最早的水位标尺。

位于都江堰上的安澜索桥又名“夫妻桥”，以木排石墩承托，用粗如碗口的竹缆横飞江面，上铺木板为桥面，两旁以竹索为栏，全长约500米。

大渡河

大渡河是著名的峡谷河流。“金沙水拍云崖暖，大渡桥横铁索寒”，在太平天国的悲壮故事和红军长征的光辉历程中，它都扮演了重要的历史角色。作为长江上游水系岷江的最大支流，它自北向南纵贯于四川省境内5地州市，全长1155千米。源头为杜柯河、阿柯河和梭磨河，这3条河在可尔因汇合后称为大金川，在丹巴与小金川并流后才称为大渡河。大渡河流域是四川重要林区，因此肩负着沉重的任务，现在负责着四川木材水运的大部分任务，承担了四川木材水运总量的一半以上。

稻城亚丁

稻城县位于四川西南边缘，甘孜藏族自治州南部，这里地势北高南低，西高东低，群山起伏，重峦叠嶂，逶迤莽苍，亚丁风景区为国家级自然保护区。亚丁藏语意为“向阳之地”。景区核心在三怙主雪山，它在世界佛教二十四圣地中排名第11位。“属众生供奉朝神积德之圣地”。三怙主雪山为鼎立而峙的3座雪峰，北峰仙乃日，意为观世音菩萨，慈善安详，温馨平和，海拔6032米，为稻城第一高峰；南峰央迈勇，意为文殊菩萨，端庄娴静，冰清玉洁；东峰夏诺多吉，意为金刚手菩萨，英俊刚烈，神采奕奕。3座雪峰呈“品”字形，雪峰周围群峰林立，大大小小共30余座，千姿百态，十分美丽壮观。

九寨沟

秀丽原始的九寨沟位于四川西北部的阿坝藏族羌族自治州境内，因为周围有九个藏族村寨而得名。它地处岷山山脉，由日则沟、树正沟和则查娃沟3条沟组成。沟中的主要景观特点是高山湖泊群和瀑布群，108个翠海、17道瀑布、200平方千米的彩林在这不大的土地上融为一

五彩池由400多个形态、水色各异的彩池连缀组成，池水深不盈寸。来自高山的雪水和涌出地表的岩溶水随流速的缓急、地势的起伏，色彩发生变化，形成了五彩池池水同源不同色的景观。

体，错落有致，变幻无穷。最神奇的景致之一是大面积的钙华滩流，也就是著名的五彩池。九寨沟已经被联合国教科文组织批准列入《世界遗产名录》。值得一提的是，在美丽的原始森林中，还有大熊猫、白唇鹿、苏门羚、红松、云杉、冷杉等珍稀动植物繁衍生息，算得上是动植物的天堂。

峨眉山

峨眉山得名是因为山形连绵，好像女子的蛾眉，秀美修长。峨眉山山坡东陡西缓，主峰海拔3099米，如同一堵高墙耸立在四川盆地西南部。这座山也是四大佛教名山之一，山中寺庙林立，报国寺、万年寺、伏虎寺、清音阁等最为著名。金顶云海是峨眉山的著名景观，云海苍苍茫茫、气象万千，令人站在金顶的时候恍然有飘飘欲仙的感觉。而金顶日出也有其独具一格的魅力，天气晴朗时，太阳从地平线升起，可观赏到壮丽日出的全程。“佛光”也是峨眉山著名的景观之一。它是一种奇特的光学现象，是阳光照在云雾表面所起的衍作用而形成的。在峨眉山看神奇的佛光，最佳的时间是下午2时至5时。午后来到舍身岩下，有时会看到云层中骤然幻化出一个红、橙、黄、绿、青、蓝、紫的7色光环。而当观者背向偏西的阳光时，有时会突然发现光环中出现自己的身影，犹如面对明镜，令人赞叹不已。

羌族

中国唯一的羌族聚居区，在四川省阿坝藏族羌族自治州和北川县等地，羌人大多数居住在这片土地上。

金顶日出

羌族人自称为“尔玛”，意思是“本地人”。3000多年前古羌人的一支在春秋、战国时从甘肃、青海地区陆续迁居于岷江上游一带生息繁衍，与当地居民融合，逐渐形成了现在的羌族。不过四川的羌族摒弃了在关外时的强悍，以经营农业为主，著名的雪山大豆、铜羊，甚至日常可见的香蕉苹果都是当地的特产。

青城山

幽美的青城山位于都江堰市南，距成都66千米。属于邛崃山脉南段的东支，以大面山为主峰。山上林木四季常青，群峰环列，形状很像城郭，所以得名青城山。青城最大的特点是谷深林幽，有“青城天下幽”的美称，也是成都人喜爱的避暑胜地。抛开武侠小说中描述的青城诡异，真正主宰这座山历史的是道教思想，极盛时期全山道观100余处。青城山也是中国道教发祥地之一，那些朴实无华的名胜至今还处处体现出道家“天人合一”的特点。

刺绣、挑花是羌族传统手工业。羌族妇女心灵手巧，无需图稿，就可以绘成各种图案。

皱皮杜鹃·杜鹃鸟

四川西部生长着一种世界上独一无二的花种：皱皮杜鹃。它属杜鹃花科常绿灌木，高2～3米，生长在海拔2200～3300米处的灌丛之中。花冠白色至红色，内侧有红色斑点。

传说周代末年，杜宇接任蜀王的职务，他教授人民务农，致力于发展稻作农耕，是最早开发成都平原的主要功臣，深得民心，后世因此将他奉为农神。他把都城建立在郫邑，民间称为“杜鹃城”。据说杜宇被迫退位之后，含恨吐血而终，所吐的血化成鲜花，而他变作一只嘴角鲜红的小鸟，鸟与花也因此都被取名为“杜鹃”。

杜鹃又名映山红，色彩因种类不同而有红、黄、白、紫、粉红等色。一般来说，春鹃在4月开花，夏鹃在5月和6月开花。中国的“杜鹃花”与报春花、龙胆花共享“三大高山花卉”的盛誉。

理塘毛垭大草原面阔5000平方千米左右，平均海拔4000米以上，是由草原构成的高山牧场，有“世界高城”之称。康区的第一大藏传佛教格鲁教派寺院长青春科尔寺就在此地。

贵州

GUIZHOU

贵州省位于中国西南地区，云贵高原的东部，简称“黔”或“贵”。它东接湖南省，南连广西壮族自治区，西临云南省，北与四川省、重庆市接壤。贵州省人口众多，是个多民族杂居的省份，自古以来便形成了汉民族与少数民族相互交融的文化。贵州具有独特的自然风光与人文景观，号称中国第一瀑的黄果树瀑布，奇特的岩溶高原峡谷地貌，国宝黔金丝猴，古老神秘的傩文化都令人叹为观止。

梵净山

梵净山是贵州著名的佛教圣地，在567平方千米的区域内，分布着大量的佛教名胜古迹。梵净山内山势陡峭、峰峦起伏，森林葱郁茂密。由于日照少、湿度大，山内总是雾气弥漫，平添了几分仙佛之气。梵净山的金顶，在阳光之下熠熠生辉，朝阳与落日更是将金顶的云层染成红色，故有“红云金顶”之称。在九皇洞、金顶和蘑菇岩一带还可见到“佛光”的奇特景观。梵净山内有黔金丝猴、珙桐等珍稀生物栖息繁衍，现已被联合国教科文组织列入“国际人与生物圈保护区网”。

明朝时彝族女英雄奢香塑像

马岭河峡谷中的瀑布

乌蒙山

乌蒙山位于云贵高原的西北部，是金沙江和北盘江的分水岭。乌蒙山海拔约2000米，呈东北—西南走向，大部分都是由上古生界的石灰岩所构成的。乌蒙山具有非常显著的岩溶地貌，山区内广泛分布着残丘峰林、溶蚀洼地、石灰岩溶蚀盆地、灰岩槽状谷地及溶洞、地下河等。乌蒙山位于滇东高原北部，阻挡了部分沿四川盆地南缘或贵州高原斜坡向西、南推进的冬季寒风，对云南省气候有一定影响。

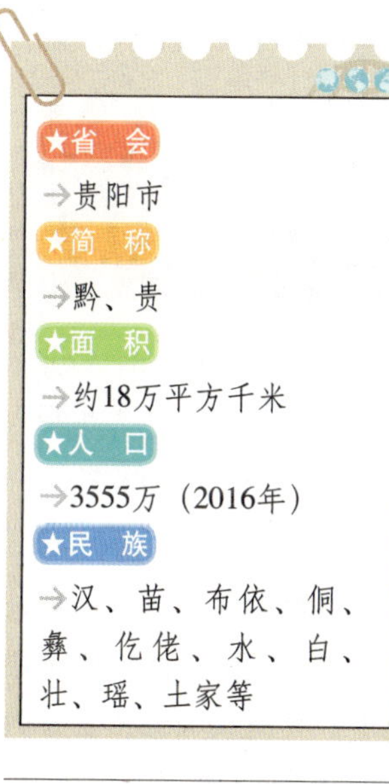

金丝猴为中国的国家重点保护动物。其中，黔金丝猴更是中国特有的珍稀兽类，为世界濒危物种之一，仅分布在梵净山自然保护区。

乌蒙山原为云贵高原上的残留高地，后来不平均隆起，被几组断陷盆地分割成三列山地。山上资源丰富，是滇黔两地开发较早的山区之一。

黄果树瀑布

黄果树瀑布是中国最大的瀑布，也是世界最壮观的大瀑布之一。黄果树瀑布位于安顺市镇宁、关岭两县交界处的白水河上，距省会贵阳137千米。这一带是布依族、苗族的聚居区，到处是别具一格的石头建筑。黄果树附近的石头寨是最著名的蜡染之乡。

黄果树瀑布群形成于典型的亚热带岩溶地区，统称“岩溶瀑布”，分三种类型，即落水洞型、河流袭夺型和断裂切割型。黄果树瀑布群就像一个岩溶瀑布博物馆，如此集中而姿态各异的瀑布群，为中国黄果树所独有。

黄果树主瀑布落差67米，宽83米，河水从断崖顶端凌空飞流而下，倾入崖下的犀牛潭中，翻江倒海。水石相激，发出震天巨响，腾起一片烟雾，迷濛细雾在阳光照射下，化作一道道彩虹，幻景绰绰。瀑布对岸的观瀑亭上有对联曰：“白水如棉不用弓弹花自散，虹霞似锦何须梭织天生成。”这是黄果树瀑布的生动写照。黄果树瀑布的形态因季节交替而有变化，冬天水小，妩媚秀丽，轻轻下泻；到了夏秋，水量大增，那撼天动地的磅礴气势，简直令人惊心动魄。有时瀑布激起的水沫烟雾，高达数百米，漫天浮游，竟使周围处于纷飞的细雨之中。黄果树瀑布后面有水帘洞，可在洞窗内观看洞外飞流直下的瀑布。每当日薄西山，犀牛潭里彩虹缭绕，云蒸霞蔚，苍山顶上绯红一片，迷离变幻，这便是著名的“水帘洞内观日落”。

瀑布下的犀牛潭经常挂着七彩缤纷的彩虹，随人移动，变幻莫测。古人说“天空云虹以苍天作衬，犀牛潭云虹以雪白的瀑布衬之”，犀牛潭因此有“雪映川霞”的美誉。

乌江

乌江又称为黔江，是贵州省第一大河，全长1037千米，发源于贵州威宁县，沿途流经黔北及重庆，在重庆涪陵注入长江。历史上著名的红军强渡乌江，便是发生在这里。乌江流域地势高低不平，西南高而东北低，造成了自然景观明显的垂直变化。乌江沿途多险滩，水流湍急，河谷狭窄，号称天险。尽管如此，自古以来，乌江仍然是黔渝两地的重要航道，其流域为贵州主要的工、农业分布区，民族众多，物产富饶，并有丰富的矿产资源。

黔灵山九曲径上摩崖古迹很多，其中清人赵德昌于咸丰十年（1860）所书“虎”字崖刻，高约6.2米，宽约 3.7米，笔墨遒劲，引人注目。

草海

草海是位于贵州省西部威宁县境内的石灰岩溶蚀湖，是贵州高原最大的岩溶湖，古称松波湖。据《威宁县志》记载，清咸丰十年（1860），当地阴雨连绵，山洪暴发，波涛汹涌，挟沙带石，将原来的消水洞堵塞，形成泽国，合南海、西海而名草海。草海水中草本植物繁多，尤以蒲草最丰盛。草海流域面积约380平方千米，湖水面积45平方千米，一般水深为2米，蓄水量1.4亿立方米。草海的水生植物有43种142属。在鱼类资源中，威宁细鱼是名贵特产，长1～2厘米，肉嫩味鲜。冬季又是丹顶鹤、黑颈鹤、白鹳以及大雁、野鸭等候鸟的避寒胜地。湖区周围地形平坦，土层肥厚，是威宁彝族回族苗族自治县的农业发达地区。

黔灵山

黔灵山在贵阳市西北郊，号称“黔南第一山”，山名寓意为“黔南之灵，集于此山”。由大罗岭、象王岭、白象岭、檀山、杖钵峰、狮子岩、关刀岩、宝塔峰和北峰等崇山峻岭组成，其中最高峰为大罗峰，海拔1500米。黔灵山由山脚到山顶有一条蜿蜒的石板小路，有380多级石阶，称为“九曲径”，俗称“二十四道拐”。山中古木参天，绿草丛生，抬头看不到天，低头看不到泥。小路旁有很多摩崖石刻，有“第一山”“虎”“赤松归隐”等，山腰有古佛洞，里面供着苦行佛。另有“海窍亭”，口吹石壁孔穴可以吹出和吹海螺一样的效果。山顶有“一泉亭”，亭上悬“洗钵池”横匾，亭后有洗钵池。黔灵山麓有黔灵湖，距湖500米左右的地方，有一泓“圣泉”。圣泉属潮泉，一般潮泉只有三潮或两潮，而圣泉却约9分钟涨缩一次，颇为奇特。檀山脚下的小溪旁有麒麟洞，因洞中一个钟乳石形似麒麟，因而得名。抗战期间，张学良、杨虎城二将军曾被囚禁在洞旁的水月庵里。黔灵山还是一处佛教圣地，弘福寺就坐落其间。

坐落于黔北的苗家村寨保持着浓郁的民族气息。男女都用“色彩斑纹布”，上着花衣，下着百褶裙。清朝后，男子服饰逐步以裤代裙，女子仍然保留着传统的民族服饰习惯。

安顺不仅是贵州省的工业基地，而且花草色泽艳丽，为蜡染提供了丰富的原料。

安顺·蜡染艺术

安顺市是黔西的交通枢纽与物资集散地，位于贵州省中部，是中国西南著名的古城。这里是典型的岩溶地貌，有溶洞、天生桥、伏流、暗河等奇特的自然景观，黄果树瀑布也位于安顺境内。这里矿藏丰富，是贵州重要的工业基地，有许多国家重点骨干企业。安顺居住着汉、布依、苗、仡佬、彝、回等多个民族，形成了独特的多民族文化。

蜡染是安顺著名特产之一。起源于秦汉，明清以后自中原传入西南，成为贵州传统的民间工艺。蜡染是用蜡液描在白布上染色，形成了蓝底白花的各种图案，其中苗族的蜡染工艺又是安顺之最。

驱鬼面具不仅是傩戏中的一件道具，也包含着过去人们对傩文化的信奉和对生活的希望。

傩文化

傩文化是贵州境内一个著名的文化现象。傩原来是古代劳动人民驱魔除妖，祈求上天庇佑的原始宗教仪式。随着时代的发展，逐渐演变成为一种类似戏剧的娱乐方式，并产生了“傩戏”。贵州东部的乌江流域盛行傩戏，堪称傩文化的聚集地。这里傩戏的风格粗犷而古朴，内容包含有祛灾、占卜、治病、求子等世俗生活的诸多方面，演员们头戴面具，用多种表现手段来演绎祈神驱邪的主题，甚至还有《西游记》等神话传说故事的表演。

侗族村寨多数修在河溪两旁，人们跨水而居。飞架在南江河上的风雨桥，又名地坪花桥，是侗族村寨桥梁中最具特色的一座。

水车又叫天车，车高10米多，由一根长5米，口径0.5米的车轴支撑，共24根木辐条，呈放射状向四周展开。是古老的提水灌溉工具，至今仍在一些地区使用。

国酒茅台

提到贵州省的特产，人们一定会想到著名的国酒——茅台酒。茅台酒产于海拔400米的茅台镇，酿酒用的水便取自流经该镇的赤水河。茅台镇地质条件特殊，沙质和砾石含量很高的土壤将地表与地下水层层过滤，滤出了纯净无毒、香甜可口的清冽泉水。酿造者利用每年重阳节至翌年端午节之间，赤水河变得清澈透明的时候，取水蒸煮酿造，酿成了酱香浓郁、举世闻名的茅台酒。

苗族

能歌善舞的苗族主要聚居在贵州省的南部和湖南、云南的部分地区，是中国人口较多的少数民族之一。苗族人民有着鲜明的民族文化特色，他们虽然没有自己的文字，却有古歌、诗歌、情歌等流传。苗族服饰尤其别具一格，男子用布包头，身穿短衣裤；妇女的大襟上衣绣有花饰图案，下身穿百褶裙，好似开屏的孔雀尾。苗族最盛大的传统节日是一年一度的花山节，身着节日盛装的男女青年们在街市上尽情欢聚歌舞，并表演各种民间绝艺。苗族妇女的银饰是一道著名风景，一个女子身上的首饰往往就是一个家庭的全部财产。

身着传统服饰的苗族少女

云南

YUNNAN

云南省因为位于云岭之南而得名云南。西部同缅甸接壤，南部和老挝、越南接连，东部与广西壮族自治区及贵州省为邻，西北紧邻西藏自治区，北与四川省相邻。是多民族省份，是15个少数民族的主要聚居地。云南具有非常悠久的历史，早在170万年前，就有元谋人的足迹出现在这里，其后的西畴人、丽江人、昆明人不断地塑造着云南的古文明史。自秦始皇统一全国之后，云南也逐渐开始与中原文化融合，形成了独有的多民族文化风格。唐宋时期，云南还先后出现了南诏和大理两个臣属于中央政府的地方政权。

红土高原

历史上的云南始终被称为红土高原，这是由于其境内广布的红土而得名。这片红土地世代养育了云南的各族儿女。云南东川的红土地被专家认为是全世界除巴西里约热内卢外最有气势的红土地，景象比巴西红土地更为壮美。近几年来，这里吸引了众多的旅游爱好者，尤其已经成为了中外摄影家捕捉最美镜头的发烧级摄影胜地。层层叠叠的梯田里，火红的土壤上，一年四季洋麦花、荞子花、洋芋花、油菜花和萝卜花交替开放，色彩斑斓炫目，鲜艳浓烈的色块一直铺向天的尽头。每年的9～12月是欣赏红土地的最好季节。

玉龙雪山

玉龙雪山位于丽江县城北端，是横断山脉雪山群中的最南端。据说玉龙雪山如同银色蛟龙横卧山巅，因此得名。玉龙雪山终年积雪，山区以玉龙雪山为中心，包括玉龙雪山、丽江古城、万

云南美丽的油菜花田

玉龙雪山的13峰由南向北纵向排列，南北绵亘35千米，东西宽12千米。主峰扇子陡海拔5596米，有“玉柱擎天”之称。

里长江第一湾——石鼓、宁蒗泸沽湖4个片区，总面积777.6平方千米。在这里，玉龙雪山如巨龙腾飞，四时变化多姿；金沙江虎跳峡山高谷深、江狭水急，波澜壮阔；丽江古城古色古香，被联合国列入《世界遗产名录》。山区的泸沽湖畔摩梭人的婚恋及生活被视为母系社会活化石；东巴文化瑰丽独特，民族风情五彩斑斓。

路南石林

路南石林位于昆明路南彝族自治县境内，距市区80千米。石林是2亿多年前的海底石灰岩层，经地壳运动、海水和风雨侵蚀形成的自然奇观。主要包括大石林、乃古石林、大叠水瀑布、芝云洞、奇风洞、长湖、月湖等7个景区。景区内石峰林立、万峰叠嶂。千姿百态的石峰、石柱、石花、石坪、石流，犹如一片莽壮黝黑的森林，被誉为“天下第一奇观”。

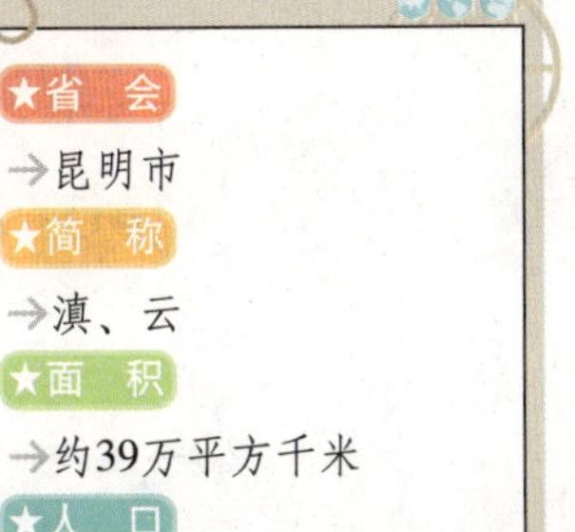

★省　会

→昆明市

★简　称

→滇、云

★面　积

→约39万平方千米

★人　口

→4771万（2016年）

★民　族

→白、哈尼、傈僳、纳西、景颇、怒、基诺等

滇池南北最长处36.5千米，东西最宽处12.8千米，在中生代末已经开始发育。

滇池

滇池位于云南昆明西南，又叫昆明湖，古称滇南泽，是云南省面积最大的高原湖泊，也是全国第六大淡水湖，有“高原明珠”之誉。滇池水系是全国13个重点保护水系之一，南盘江、宝象河等20多条河流注入滇池，出水口在海口，流入螳螂川、普渡河，汇入金沙江。滇池四周，东西有金马、碧鸡二峰夹峙，南北有长虫、白鹤两山遥望，风景名胜较多。湖上烟波浩渺，景色迷人。滇池也是天然蓄水池，不仅可起到供水、防洪、航运、养鱼的作用，对调节昆明的气候也有帮助。

洱海沿岸曲折，海水青碧，与“苍山雪”构成“银苍玉洱”。

三江并流

三江并流指的是位于云南省西北部的丽江地区、迪庆藏族自治州、怒江傈僳族自治州的三条大江：怒江、澜沧江、金沙江并行而流的独特地理现象。三江并行而流，在云南境内长约170余千米，整个流域面积约达4万平方千米。由于三江并流地区特殊的地质构造，欧亚大陆最集中的多样性生物、丰富的人文资源、美丽神奇的自然景观使该地区成为唯一的、独特的世界奇观。三江并流地区是世界生物多样性最丰富的地区之一，是北半球生物景观的缩影，名列中国生物多样性保护17个“关键地区”的第一位，是中国三大生态物种中心之一，同

西双版纳的原始森林中有5000多种高等植物，自然资源得天独厚。

大理古城东西南北各有一城门，上有城楼。城外有护城河。城内街道都是南北、东西走向，是典型的棋盘式布局。

时也是世界级物种基因库。

西双版纳

美丽富饶的西双版纳傣族自治州位于云南省南端，东南部与老挝接壤，西南部与缅甸交界，是北回归线上少有的一片绿洲，也是中国保存的唯一一块原始热带森林区。西双版纳北以云贵高原为屏障，具有非常独特的热带风光，这是在中国其他地区很难见到的。这里的动植物资源非常丰富，素有“植物王国”“动物王国”“药材王国”三大王国的美称。西双版纳还拥有中国面积最大的热带雨林。

春城昆明

昆明是云南省的省会，位于云贵高原中部，三面环山，南濒滇池。自从公元前4～前3世纪建立滇王国以来，滇国的活动中心始终在滇池周围昆明一带。此后历朝历代都在这里设立行政中心，明清两代起称云南府城。昆明气候温和，四季如春，被人称为“春城”，是全国著名的旅游城市，也是全国精密机械、光学仪器、磷化工和有色金属加工基地之一。云南白药、卷烟、云子围棋等驰名中外，是云南的特产。

古城大理

大理位于云南省中西部，是大理白族自治州人民政府驻地，也是中国著名的历史文化名城，有白、彝、回、傈僳、藏、苗等少数民族居住。汉武帝元封二年（前109）在此设叶榆县，宋时为大理国国都，明清两代为大理府治。1913年改大

理县，1960年改大理市。大理气候温和，特产有大理石、茶花、大理雪梨、洱海弓鱼等。名胜古迹有崇圣寺三塔、蝴蝶泉、蛇骨塔、温泉、大理南诏古城遗址等。“上关花、下关风、苍山雪、洱海月”为大理著名的城市四景。

苍山洱海保护区

苍山洱海保护区位于云南省大理市，地处滇中高原西部与横断山脉南端交汇处，主峰点苍山位于横断山脉与青藏高原的接合部，顶端保存着完整的典型冰融地貌。洱海为云南第二大淡水湖泊，水生动植物资源比较丰富，还拥有丰富的历史遗迹和旅游资源。苍山洱海保护区集自然景观、地质地貌、生物资源与人文历史等方面的特色为一体，区内有明显的七大植物垂直带谱，保存着从南亚热带到高山冰漠带的各种植被类型，是世界高山植物区系最富有的地区，在国内比较少见，在国际上也有较高的知名度。

丽江古城又名大研镇，据说因形似碧玉大研而得名。

噶丹松赞林寺汉名归化寺，位于距中甸县城4千米的佛屏山麓，整个建筑仿西藏布达拉宫设计，是迪庆地区规模最大，最具特色的藏传佛教寺庙，现有僧侣700余人。

丽江古城

丽江市地处金沙江上游，历史悠久，风光秀美，自然环境雄伟，是古代羌人的后裔——纳西族的故乡。丽江古城海拔2400米，是丽江纳西族自治县的中心城市，位于丽江坝中央，面积约14平方千米。这里地处滇、川、藏交通要道，古时候频繁的商旅活动，促使当地人丁兴旺，很快成为远近闻名的集市和重镇。一般认为丽江建城始于宋末元初，其建筑以布局科学著称于世，为中国古代城市建设之典范。1997年联合国教科文组织把丽江古城列入《世界遗产名录》。

迪庆

迪庆位于云南省西北部，藏语意为“吉祥如意的地方”，据说是1933年美国小说家詹姆斯·希尔顿在小说《消失的地平线》中所提到的和平与宁静的土地——香格里拉的原型。迪庆地处青藏高原东南边缘，拥有独特的融雪山、峡谷、草原、高山湖泊、原始森林和民族风情为一体的景观，为多功能的旅游风景名胜区。景区内雪峰连绵，峡谷纵横深切，最著名的有金沙江虎跳峡、澜沧江峡谷等大峡谷，还有辽阔的高山草原牧场，莽莽的原始森林以及星罗棋布的高山湖泊，使迪庆的

元谋遗址中的刮削器

自然景观神奇险峻而又清幽灵秀。

元谋文化

1965年，在云南元谋盆地上那蚌村后第四纪更新世早期地层中，发现了两颗类人的牙齿化石。经地磁仪器等科学手段测定，这两颗牙齿化石为距今170万年的原始人类所有，属直立人种中的一个新亚种——直立人元谋新亚种。元谋人的发现，对于揭示人类演化和发展的历史具有重要的意义。伴随元谋人牙齿出土的，还有17件石制品和大量的炭屑以及一些烧焦的骨头，并且在有炭屑的地方都伴有动物化石。这说明元谋人不仅会使用自己制造的工具从事狩猎及采集活动，而且还学会了用火，烧食所猎取的猎物，开始摆脱了茹毛饮血的时代。

滇金丝猴

滇金丝猴又称黑仰鼻猴、长尾巴猴、翘鼻猴，为国家一级重点保护动物，仅在云南西北部和西藏东南部的云岭山脉。滇金丝猴头顶有尖形黑色冠毛，眼周和吻鼻部青灰色或肉粉色，鼻端深蓝色。背、体侧、四肢外侧和尾部均呈棕灰或灰黑色；喉、颈、上肢内侧、臀部为白色，胸部乳白，腹部橘黄色。滇金丝猴栖息于海拔3000米以上的高山暗针叶林带，是猴类中栖息地海拔最高的种类。

滇金丝猴体重15～18千克，鼻短，是仰鼻猴属中最为特别的一种。

崇圣寺位于苍山应乐峰下，又名三塔寺，是大理国时期的著名佛教建筑。如今寺庙已毁，只有三塔历经千余年的风雨，仍巍然屹立于苍山之麓、洱海之滨。

西藏

XIZANG

西藏自治区位于国境的西南部，是一片世界闻名的神奇土地。西藏北与新疆维吾尔自治区和青海省相邻，东隔金沙江与四川省相望，东南与云南省相连，西接克什米尔地区，南面与印度、尼泊尔、不丹、缅甸等国家接壤。西藏是藏族人的主要聚居地，社会生活和风俗习惯与中原各民族有显著区别，具有鲜明的地域特色。西藏的人文景观也是独具一格，拥有众多名胜古迹。西藏与中原地区的交流由来已久，文成公主与松赞干布的故事至今仍然在藏区流传。

冈底斯山脉

冈底斯山脉横贯西藏自治区西南部，东接念青唐古拉山脉，与喜马拉雅山脉平行，呈西北—东南走向，属褶皱山。冈底斯山脉地势高耸，是内陆水系和印度洋水系的分水岭。印度河上源狮泉河发源于冈底斯山北侧，朗钦藏布（象泉河）发源于山南，进入印度境内称萨特累季河。冈底斯山向有“神山”之称，其主峰冈仁波齐，藏语的意思是“神灵之山”，素来受到当地人的崇拜。“冈底斯”藏语意为“众山之主”，喇嘛教把冈底斯山当作宇宙的中心，尊为圣地。尼泊尔人和印度人则认为这座山是印度教大神湿婆的乐园。因此每年都有许多朝拜者来此朝圣，一路叩着“等身长头”奔赴这里。

冈底斯山脉是青藏高原南北重要的地理界线。主峰冈仁波齐海拔6656米，在佛经中称为“底息”，是著名的佛教名山。

横断山脉

横断山脉是位于四川省、云南省西部和西藏自治区东部一系列南北走向的平行山脉的总称，总长近900千米，面积60多万平方千米。海拔4000～5000米，岭谷的高差一般在1000米以上。山高谷深，横断了东西交通，故名横断山脉。山脉地势北高南低。北部山岭多雪峰冰川，玉龙雪山海拔5596米，为中国纬度最南的现代冰川分布区。横断山脉地区河流流量大，落差急，水力资源极为丰富。这里还是中国重要林区，但由于山势坡度大，交通不便，开采难度大，采伐不当的地区易导致水土流失。

念青唐古拉山的低海拔处植被丰富，有高山草甸和高寒草原，适宜放牧。

念青唐古拉山

在拉萨以北100千米处，屹立着举世闻名的念青唐古拉大雪峰，北沿是纳木错。山顶最高处海拔7117米，终年白雪皑皑，云雾缭绕，雷电交加，神秘莫测，如同头缠锦缎，身披铠甲的英武之神，高高地矗立在雪山、草原和重重峡谷之上。唐古拉山又称当拉山。“唐古拉”藏语意为“高原上的山”。唐古拉山与喀喇昆仑山脉东尾相接，向东横贯于西藏北部,一部分为西藏自治区与青海省的界山，山上现代冰川并不多见，但是冰缘作用较强。青藏公路横穿此山，公路的要隘——唐古拉山口虽然海拔有5200米，但由于坡度缓、高差小，并不险要。

雅鲁藏布江

雅鲁藏布江是世界上海拔最高的大河，也是西藏自治区最大的河流。河谷沿东西向断裂带发育，河谷中的湖塘、沼泽星罗棋布，岸边的山麓有众多的沙地和沙丘。雅鲁藏布江在藏语中意为“高山流下的雪水”，江水发源于西藏西南部，喜马拉雅山脉北麓的杰马央宗冰川。雅鲁藏布江平均海拔约在4000米以上，面积达20多万平方千米。它支流众多，集水面积在2000平方千米以上的河流有14条，其中又以拉萨河的集水面积最大，其他支流短小，水流缓慢。雅鲁藏布江有着丰富的水量和丰沛的水能资源，具有良好的水利水能资源开发条件，干流中游可修建多座水利工程枢纽。

★首　府

→拉萨市

★简　称

→藏

★面　积

→约123万平方千米

★人　口

→331万（2016年）

★民　族

→藏、怒、汉、回、纳西、门巴等

雅鲁藏布大峡谷

雅鲁藏布大峡谷位于西藏雅鲁藏布江下游，是围

雅鲁藏布江两岸多悬崖峭壁，江面滩礁密布，江流迂回，难以通行。

绕着喜马拉雅山东端的最高峰——南迦巴瓦峰的一个马蹄形大拐弯的奇特峡谷。大峡谷长达504.6千米，最深处为6009米，峡谷底河床宽度仅为35米，其长度超过曾号称世界之最的美国科罗拉多峡谷，深度也超过了曾号称世界之最的秘鲁科尔多峡谷，是世界上最深的大峡谷。雅鲁藏布大峡谷是青藏高原最大的水汽通道，也是世界上因地形而产生气流运移的最大通道。水汽通道的存在不仅造就了雅鲁藏布江流域的特殊降水分布，而且造就了藏东南的特殊海洋性气候环境。高山峡谷加上水汽通道的作用，使大峡谷成为中国山地垂直自然带最齐全、最完整的地方。这里具有从高山冰雪带到低河谷热带季雨林带等9个垂直自然带。在不同高度的垂直自然带里，景观各异。

纳木错

纳木错位于藏北重镇当雄的西北面，藏语为“天湖”的意思，蒙语称为“腾格里海”。它与羊卓雍错和玛旁雍错湖一起，被称为西藏的“三大圣湖”。纳木错湖素以海拔高、面积大、景色瑰丽著称，是西藏自治区最大的湖泊，也是中国仅次于青海湖的第二大咸水湖。纳木错广阔的湖滨生长着多种多样的草木植物和野生动物，形成水草丰美的天然牧场。湖里盛产高原细鳞鱼和无鳞鱼。纳木错还是著名的佛教圣地之一，传说它的水源是天宫御厨里的琼浆玉液，被天宫神女当作一面绝妙的宝镜。伸入湖心的扎西多半岛上的扎西寺，香火旺盛。每当藏历新年，成百上千的信徒前来“朝圣”，届时会顺时针绕湖一周。

藏族

藏族主要聚居在西藏自治区及青海省的海北、黄南、海南、果洛、玉树等藏族自治州和海西蒙古族藏族自治州。“藏”为藏族的汉语称谓，他们自己自称

纳木错是中国海拔最高的大湖，湖面海拔4718米，湖水面积1920平方千米。形成于第三纪喜马拉雅山脉运动形成期间，湖水主要靠冰雪融水和降水补给，湖水水温呈层分布，分层的现象较为明显。

哈达是藏语，即纱巾或绸巾。以白色为主，亦有浅蓝色或淡黄色的，长1.5～2米，宽约20厘米。最好的是蓝、黄、白、绿、红五彩哈达，用于最高、最隆重的仪式。

为“番”，藏语音为“博巴”。藏语对居住不同地区的人有不同的称谓，如堆巴、藏巴、康巴等。藏族拥有悠久灿烂的历史文化，为后世留下的各种古典文献浩如烟海。藏族著名的文学巨著《格萨尔王传》是世界上最长的一部英雄史诗。藏族的绘画章法严谨，结构完整，具有很高的艺术水平。此外，藏医、藏药、藏历也具有很高的成就。藏族人民以能歌善舞而著称，素来热情好客。

献哈达是藏族人表示尊敬和最大祝福的方法。哈达是一种生丝或丝绸织品，一般织得非常稀松，接近网状，佛教教义中解释说五彩哈达是菩萨的服装，而纯白的哈达则代表人与人之间的纯洁和忠诚。

世界之巅阿里

阿里地区地处青藏高原北部羌塘高原核心地带，位于西藏自治区的西部，东西长600千米，南北宽550余千米，总面积34.5万平方千米，号称“千山之巅”“万川之源”“世界屋脊之屋脊”。东起唐古拉山脉以西的杂美山，与那曲地区相连；西及西南抵喜马拉雅山西段，与印度、尼泊尔及克什米尔地区毗邻；南连冈底斯山中段，临日喀则地区仲巴县、萨嘎县；北倚昆仑山脉南麓，与新疆维吾尔自治区相邻，是喜马拉雅山脉、冈底斯山脉、喀喇昆仑山脉汇聚的地方，群山竞高，湖泊星罗棋布，水力资源丰富。全区有大小河流80多条，湖泊60多个，境内总流程9500千米，流域面积近6万平方千米。阿里地域辽阔，资源丰富，硼矿储量也极为丰富。

拉萨

拉萨市位于西藏自治区的东南部，是自治区首

江孜宗山位于江孜县城西的楚河河谷平原上。现宗山上的古堡和炮台遗址尚存。

布达拉宫

府、中国历史名城、著名的佛教圣地，同时又是西藏自治区的政治、经济、文化和交通中心。它位于雅鲁藏布江支流拉萨河的东岸，海拔3500米上下，是中国海拔最高的城市。这里光照充足，常年都是晴朗的天气，因此有“日光城”的说法。拉萨丰富的自然资源，传统的民间工艺，加之日光明媚、空气清新，是中国最佳的旅游城市之一，素来以雪域高原的神秘色彩吸引着众多的游客。拉萨市也是西藏的交通枢纽，通往自治区外的公路较多，著名的有川藏、青藏、滇藏公路等，中尼公路也在这里交会。

哲蚌寺的银质灵塔

日喀则

日喀则市位于拉萨以西250多千米的年楚河和雅鲁藏布江汇合处，是西藏的第二大城市。日喀则市是日喀则地区的政治、经济、文化、宗教和交通中心。城市建设日新月异，公路交通四通八达，市内道路规划整齐，建筑形式独特，名胜古迹众多。第二世班禅索朗木曲朗、三世班禅罗桑顿珠、四世班禅罗桑曲结、第二世达赖根敦嘉措均为日喀则市人。日喀则市一年一度的展佛节、跳神节和藏戏的演出别具特色，古老的文化、雄伟的寺庙建筑、壮丽的自然景观，使日喀则成为了西藏最富吸引力的旅游胜地之一。

布达拉宫

布达拉宫是拉萨最著名的标志性建筑，耸立在西藏拉萨市红山之上，“布达拉”为梵文“普陀罗”的音译，指观世音菩萨所居之岛，所以俗称“第二普陀罗山”。布达拉宫是当今世界上海拔最高、规模最大的宫堡式建筑群。它依山而建，群楼重叠，殿宇嵯峨，气势雄伟，有横空出世、气贯苍穹之势，坚实敦厚的花岗石墙体，松茸平展的白玛草墙领，金碧辉煌的金顶，具有强烈装饰效果的巨大鎏金宝瓶，幢和红幡交相辉映，红、白、黄3种色彩的鲜明对比，分部合筑、层层套接的建筑型体，都体现了藏族古建筑迷人的特色。布达拉

羊八井的地热资源

宫是藏建筑的杰出代表，也是中华民族古建筑的精华之作。它的宫殿布局、土木工程、金属冶炼、绘画、雕刻等方面均闻名于世，体现了以藏族为主，汉、蒙、满各族能工巧匠高超技艺和藏族建筑艺术的伟大成就。

哲蚌寺

哲蚌寺位于拉萨北郊，是藏传佛教格鲁派最大的寺院，也是整个西藏地区规模最大、喇嘛最多的寺院，与甘丹寺、色拉寺合称拉萨三大寺。全名吉祥米聚十方尊胜洲。由于历世达赖喇嘛皆以哲蚌寺为母寺，因此该寺在格鲁派寺院中地位最高。明永乐十四年（1416），宗喀巴弟子绛央却杰主持修建了哲蚌寺，并在建成后担任第一任堪布，由最初的7个弟子，分别形成该寺7个札仓（经学院），后来发展为格鲁派实力最雄厚的寺院。哲蚌寺最盛时期寺僧编制为7700人，拥有141个庄园与540多个牧场。

晒佛节，流行于西藏、甘肃、青海等地。顾名思义，就是把寺院里平日珍藏的佛像展示出来，供人瞻仰膜拜。

羊八井

羊八井距拉萨90多千米，以其丰富的地热资源而闻名于世，被誉为“地热博物馆”。从1974年开始，国家把羊八井开发作为重点科技攻关项目，投入大量资金和人力，对这些地热资源进行开发利用。1975年，中国地质工作者在羊八井打出了第一口湿蒸气井。第二年中国大陆上第一台兆瓦级地热发电机组在这里成功发电，开创了世界中温浅层热储资源发电的先河，进入了工业性发电阶段。位于藏北羊井草原深处的羊八井地热电厂，是中国目前最大的地热试验基地，也是当今世界唯一利用中温浅层热储资源进行工业性发电的电厂。

藏羚别名藏羚羊、长角羊，属偶蹄目、牛科、藏羚属，寿命一般不超过8岁，集成十几到上千只不等的种群，生活在海拔4300～5100米的高山草原、草甸和高寒荒漠上。

藏羚

藏羚是国家一级保护动物，全身除脸颊、四肢下部以及尾外，通体淡褐色。藏羚体长135厘米，肩高80厘米左右，体重达45～60千克，头形宽长，吻部粗壮，鼻部宽阔隆起，尾短，四肢强健。由于藏羚生性机警，听觉和视觉发达，常出没在人迹罕至的地方，极难接近。与藏原羚相比，藏羚幼龄个体生性沉稳，不好动。

西北地区

西北地区
陕西
宁夏
甘肃
青海
新疆

西北地区常指中国西北部3省2区所在区域，包括陕西省、甘肃省、青海省、宁夏回族自治区和新疆维吾尔自治区。这片地区高山与盆地相间分布，具有明显的大陆性荒漠气候特征。西北地区地广人稀，但民族众多，除汉族外，还有维吾尔、藏、回、哈萨克等少数民族。受气候限制和历史条件的影响，西北地区相对于沿海并不发达，但这里能源及矿产资源丰富，水力和煤炭资源可开发潜力大。

河西走廊

河西走廊位于甘肃省西部，东起乌鞘岭，西至古玉门关，南北则介于南山和北山之间，全长约900千米，宽数千千米至近百千米不等，是西北—东南走向的狭长平地，形如走廊，因为位于黄河西面，所以叫作河西走廊。河西走廊地势平坦，沿河的冲积平原形成武威、张掖、酒泉等大片绿洲，其余广大地区则形成了面积广大的戈壁。河西走廊历代均为中国东部通往西域的咽喉要道，是兵家必争之地。现在，河西走廊仍然是沟通中国东部与西部的干道，是西北的边防要地。

贺兰山呈东北—西南走向，延伸200多千米，东西宽20千米，约形成于燕山运动时期。

贺兰山

贺兰山是宁夏回族自治区和内蒙古自治区的界山，中国西北地区的重要地理界线。贺兰山在蒙语中意为“黑色的骏马”，它像一道屏障横亘在宁夏平原西部，雄伟、峻峭，位于腾格里沙漠东缘，是北方草原与荒原的分水岭。贺兰山西面为阿拉善高原，东面为银川平原和鄂尔多斯高原。境内有大量的动植物资源分布，矿产资源丰富，尤其煤矿资源颇具经济价值。贺兰山风景区也是我国著名的风景名胜之一，主要景点有拜寺口双塔、小滚钟口、苏峪口森林公园、贺兰山岩画等。这里峰峦叠嶂，崖壁险峭，森林资源丰富，早在西夏王朝时期，就已被视为避暑胜地。

甘肃敦煌的鸣沙山

西岳华山

西岳华山位于陕西西安以东120千米的华阴市，古称太华山。在五岳之中，华山以险著称，登山之路蜿蜒曲折，长达12千米，到处都是悬崖绝壁，所以有“自古华山一条道”之说。华山五峰中又以东峰（朝阳）、西峰（莲花）、南峰（落雁）三峰较高：东峰是凌晨观日出的佳处；西峰的东西两侧状如莲花，是华山最秀奇的山峰；南峰落雁是华山最高峰。三峰以下还有中峰（玉女）和北峰（云台）两峰。玉女峰相传曾有玉女乘白马入山间。云台峰顶平坦如云中之台。华山的名胜古迹也很多。庙宇道观、亭台楼阁、雕像石刻随处可见，华山上比较著名的古迹有玉泉院、真武宫、金天宫（白帝祠）等景点。华山以北7千米处的西岳庙是古时祭祀西岳华山神的庙宇。

昆仑山

昆仑山西起帕米尔高原，山脉全长2500千米，最高峰在青、新交界处，名为新青峰——布格达板峰，是横贯中国西部的高大山脉，也是青藏高原重要的自然区划界线，山势宏伟峻拔。相传昆仑山的主人是西王母，在众多古书中记载的“瑶池”，便是昆仑河源头的黑海。昆仑山在中华民族文化史上称“万山之祖”，地位显赫。是明末道教混元派

在中生代白垩纪，华山地区地壳产生了挤压和断裂，岩浆沿断裂带侵入，冷却成花岗岩，经过长时间的剥蚀作用，终于破土问世。

乔戈里峰海拔8611米，塔吉克语，意为“高大雄伟”，是喀喇昆仑山脉的主峰，也是世界上第二高峰，国外又称K2峰，坐落在喀喇昆仑山的中段，属中国的一侧。

（昆仑派）道场所在地。昆仑山上的玉珠峰、玉墟峰均为青海省对外观光开放的山峰，现已成为旅游胜地。

阿尔金山脉

阿尔金山脉是塔里木盆地与柴达木盆地的界山，是构成青藏高原北边屏障的山脉之一，蒙古语意为“有柏树的山”。它位于新疆维吾尔自治区东南部，东端绵延至青海省、甘肃省交界处，呈东北—西南走向。山脉的地势西高东低，其间有索尔库里谷地，是古今沟通柴达木与塔里木两盆地的金鸿山口所在地。阿尔金山脉气候干旱，水源稀少，无常年有水的河流，因而植被贫乏，荒漠植被占统治地位。当金山口是连通柴达木盆地与河西走廊之间的交通要道，有公路通行。阿尔金山国家自然保护区坐落于阿尔金山脉的中段。

骆驼刺

骆驼刺属于豆科，是沙漠地区重要的植物之一。骆驼刺主要产于宁夏、新疆、甘肃，生长于海拔150～1500米的沙荒地、盐渍化低湿地和覆沙戈壁上，有花内和花外两种蜜腺，花外蜜腺分泌汁凝成糖粒，称为刺糖。

蓝马鸡

蓝马鸡又叫作马鸡、角鸡、松鸡，主要分布于中国宁夏、青海、甘肃和四川等地。它的羽毛以迎光生辉的蓝灰色为主。头侧呈绯红色，显得非常鲜艳夺目。蓝马鸡通常栖息于海拔2100～3700米高山地区的茂密云杉林、橡树林或者桧柏林中，主要以植物为食，也吃昆虫。

蓝马鸡羽毛虽不及锦鸡、孔雀美丽，但具有独特的白色耳羽簇和马尾状的尾羽，寿命达20年之久，是宁夏回族自治区区鸟。

羚牛

羚牛别名扭角羚、牛羚、野牛，是中国西部特产的珍稀动物，主要分布在青海、西藏、云南、四川、陕西、甘肃等地。羚牛生活在海拔2000～4000米的高山森林或草甸上，喜群居。羚牛一般没有什么天敌，凭借强壮的躯体和强大的力气，可随时赶走前来争食的毛冠鹿、麝、鬣羚和其他有蹄动物。

雪豹

雪豹属猫科动物，是高原地区的一种岩栖动物，主要分布于青海、西藏、新疆、甘肃、四川等地的高山上，是国家一级保护动物。体形似豹，个头略小于豹，浑身灰白或乳白色。雪豹常栖居在海拔2500～5000米处，生性异常凶猛，行动敏捷机警，耐寒性极强。

陕西
SHANXI

陕西省因其位于陕原（今河南陕县）之西而得名，地处中国中部，东临黄河，与山西省、河南省相连，南邻湖北省、重庆市、四川省，西接甘肃省、宁夏回族自治区，北邻内蒙古自治区。是中华文明的发祥地之一，省境内有多处古人类文化遗址遗迹，自公元前11世纪开始，先后有15个王朝在陕西建都，陕西的文物古迹中，秦始皇陵、秦始皇兵马俑、西安碑林、大小雁塔等，是举世闻名的杰作。

关中平原

关中平原位于陕西省中部，又称渭河平原或渭河盆地，是中国古代文化的重要发祥地之一。它西起宝鸡市，东至潼关，南接秦岭，北抵陕北高原，地势西高东低。关中平原本是一局部断层陷落地带，后经泾河、渭河和洛河等冲积而成黄土质的冲积平原。这里土地肥沃，灌溉历史悠久，号称八百里秦川，产小麦、水稻、大豆、谷子、玉米和棉花等，是中国麦、棉产区之一。关中平原是中国历史上农业最富庶的地区之一，目前该区也是中国工、农业和文化发达地区之一。

汉中盆地

汉中盆地位于陕西省南部，秦岭和大巴山之间的汉江上游，西起勉县武侯镇，东至洋县龙亭铺，是陕南的“粮仓”。汉中盆地是一个狭长槽形山间陷落盆地，由汉江冲积而成，上覆第四纪黏土、黄土状砂质黏土及砾石，形成了肥沃的原野。这里属温暖湿润的亚热带气候，河水不冻，冬季无积雪，少霜害，有利于农作物的生长。汉中盆地里耕地集中，灌溉便利，农业发展历史悠久，农业生产水平较高，水域广阔，渔业发达，有“鱼米之乡”的美誉。

太白山

太白山位于陕西省眉县南部，兼跨太白县、周至县部分地区，是中国著名的秦岭山脉的主峰，也是中国大陆东部的第一高峰，海拔3767米。《录异记》载：“金星之精，坠于终南主峰之西，因号为太白山。”太

太白山地貌复杂，低山区是黄土覆盖的石质低山；中山区奇峰林立，怪石嶙峋；高山区是第四纪冰川地貌冰斗、角峰、槽谷及冰碛堤等，气候、土壤独特。

白山崇高峻伟，草木繁盛，海拔3000米以上地带发育有第四纪末冰川。山巅有大爷海、二爷海、三爷海和玉皇池4个高山湖泊，池水清澈，深不可测。由于山高云淡、空气稀薄、气候寒冷，终年积雪不化，即使三伏盛暑，仍然皑皑白雪，莽莽天际银光四射，“太白积雪”景致壮观美丽，为关中八景之一。

秦岭

秦岭是位于中国中部的东西走向的古老褶皱断层山脉。它西起甘肃省南部，经陕西省西南部到河南省西部，是黄河支流渭河与长江支流嘉陵江、汉江的分水岭，总长约1100千米。广义的秦岭包括西倾山、岷山、迭山、终南山、华山、崤山、嵩山、伏牛山等。狭义的秦岭则特指陕西省境内一段。

秦岭山地是中国地理上的南北分界线，对气流运行有明显的阻滞作用。由于秦岭的存在，夏季湿润的海洋性气流不易深入西北，北方气候干燥；冬季阻滞寒冷空气的南侵，汉中盆地、四川盆地少受冷空气的侵袭。因此，秦岭成为亚热带与暖温带的分界线。秦岭以南河流不冻，植被以常绿阔叶林为主，土壤多酸性。以北为黄土高原，河流冻结，植物以落叶阔叶林为主，土壤富钙质。

秦岭山间多横谷，为南

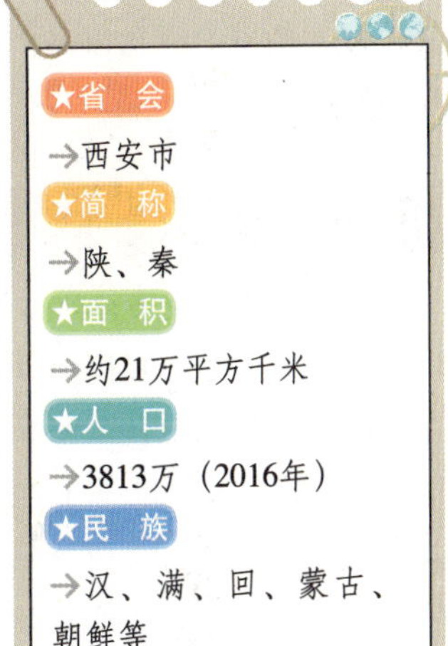
★省　会
→西安市
★简　称
→陕、秦
★面　积
→约21万平方千米
★人　口
→3813万（2016年）
★民　族
→汉、满、回、蒙古、朝鲜等

渭河河道与沿岸相比，成了“凸”字形，中间高两边低。河床连年抬高，使渭河一遇洪水极易发生倒灌现象，再加上各支流防洪能力差，洪水容易泛滥。

北交通要道，宝成铁路沿嘉陵江河谷穿过山地。秦岭也是中国野生动植物分布古北界与东洋界的交汇带，秦岭山地、白龙江流域尚保存连片森林，并有珍贵动物和植物生存，其中佛坪为大熊猫生存地之一。商洛地区的核桃，岷县的当归等均以高产优质著称。

渭河

渭河是黄河最大支流，位于陕西省中部。它源出甘肃省渭源县鸟鼠山，东流横贯陕西省渭河平原，于潼关注入黄河。渭河流域分属陕、甘、宁3省区。整个流域中山区占29%，植被尚好，水土流失轻微；黄土丘陵区占40%，沟壑纵横，植被稀少，水土流失严重；关中平原为黄土沉积和河流冲积平原，占31%，是陕西省的粮、棉基地。渭河流域还是中国古文化发祥地之一，这里有蓝田猿人遗址、半坡遗址、华山、华清池等著名的历史古迹。

古都西安·大雁塔

西安古称长安，是陕西省的省会，中国历史文化名城。历史上先后有15个朝代相继在这里建都，使之成为名副其实的古都。西安是古代“丝绸之路”的起点，也是自古以来中国与世界各国进行经济、文化交流的重要城市，保存和埋藏着众多的文物古迹和奇珍异宝，堪称一座立体的历史博物馆。现在的西安是西北地区最大的城市和经济、文化、交通中心，是华北、华东联系西北、西南陆空交通的重要枢纽。此外，由于拥有数不胜数的历史文化遗迹，西安已成为众所周知的旅游名城。

小雁塔因塔体小于大雁塔而得名，是早期密檐式塔的代表，但是整体结构不牢固，容易损毁。

大雁塔坐落于陕西省西安市南部的慈恩寺内。慈恩寺是唐贞观二十二年（648），太子李治为纪念

西安钟楼建在方型基座之上，为砖木结构，以它为中心辐射出东、南、西、北4条大街并分别与明城墙东、南、西、北4门相接，是中国古代形制最大、保存最完整的一座。

窑洞是北方黄土高原上特有的民居形式，建在山腰或山脚下的向阳之处。分土窑洞、石窑洞、砖窑洞、土基子窑洞、柳椽柳巴子窑洞和接口子窑洞多种。一般修3孔或5孔，中窑为正窑，有的分前后窑。窑洞上面不仅可以行人走马，还能行驶车辆。

亡母文德皇后，以报答养育之恩而修建，故名“慈恩寺”。当时，该寺院落宏伟，房屋众多，由赴印度取经回国的高僧玄奘主持寺务，著名的画家阎立本、吴道子都在此绘制过壁画，可见规模之宏大。大雁塔在唐代就是著名的游览胜地，因而留有大量文人雅士的题记，仅明清时期的题名碑就有200余通。至今，大雁塔仍是古城西安的标志性建筑，也是闻名中外的胜迹。

延安

延安是中国著名的革命圣地，位于陕西省北部延河中游。隋朝时在今延长县始置延安县，以其境内有延河并取安宁之义而得名。从秦汉至唐宋，延安及其附近地区“东带黄河、西控灵夏”，一直都是陕北的交通要冲之地。1937～1949年，中共中央和毛泽东主席在此领导中国的抗日战争和解放战争，并取得了最终的胜利，古城延安成为了中国人民心目中的革命圣地。延安

宝塔山又称“嘉岭山”，位于延安城东南，建于唐代。登上塔顶，全城风貌可尽收眼底。塔旁有明代铸造的铁钟，山上长达260米的摩崖石刻群和碑林，岸面整齐，岸石完整，是难得的石刻艺术精品。

境内名胜和纪念地诸多，有延安宝塔山、清凉山、唐代宝塔、宋代雕刻的万佛洞、花木兰故居万花山（又名牡丹山）、仙人洞等，还有革命纪念地，共140多处。

中国穴居

中国的窑洞，是世界上现存最多的古代穴居形式。它起源于古猿人脱离巢居而“仿兽穴居”时期，经历了上百万年。在人类的历史长河中，穴居这种独特的居住原型，随着人类文明和社会的发展，逐步变化，适应于特殊的气候地理区域。例如在干旱地区、大陆性气候的高原干热区和多雪的北方湿冷区，它能基本满足人类的居住生活需求，所以一直沿用至今。今天，在中国西北部黄土高原地区的陕西、甘肃、宁夏、山西、河南和河北（西南部）等省的6大窑洞区，大约有4000万人居住在各种类型的窑洞中。

蓝田人遗址·半坡遗迹

蓝田人遗址为旧石器时代早期人类化石发现地，位于西北部陕西省的蓝田县。蓝田人属早期直立人，学名为“直立人蓝田亚种”。蓝田人遗址包括陈家窝地点和公王岭地点两处。除蓝田人骨骼化石外，这两处地点还出土了200余件石器，以及蓝田剑齿虎、李氏野猪、三门马、葛氏梅花鹿等中更新世动物化石。在公王岭地点，与人类化石同一地层出土的

蓝田猿人的头骨复原图

半坡遗址经过5次挖掘，共整理出房屋遗迹45处，还有多处的陶窑遗址和墓葬。现已在原来的半坡遗址上建立了半坡博物馆。

以三棱大尖状器为特色的石器，被认为是蓝田人文化的特征之一，此外还发现了用火的遗迹。公王岭化石是亚洲北部迄今发现的最古老的直立人化石。直立行走是猿成为人的重要标志。

半坡遗址位于西安市东郊半坡村北侧的浐河畔，是中国第一座遗址博物馆。在距今6000～7000年前，当时生产工具以磨制石器为主，日常生活器具则使用细泥红陶和夹砂红褐陶器，陶器上常彩绘几何形图案或动物形花纹，经济生活已进入原始锄耕农业阶段。并开始饲养家畜。这种文化遗址于1921年首先在河南渑池县仰韶村发现，所以被命名为仰韶文化。仰韶文化的特点之一是遗物中常有彩陶，因而也称彩陶文化。迄今为止，考古学家在黄河流域已发现仰韶文化遗址1000多处，其中半坡遗址是发现较早、保存完整的典型村落遗址。

↑华清池亦名华清宫，位于西安城东，骊山北麓。周、秦、汉、隋、唐等历代封建统治者都将此地作为他们的行宫别苑。

↓黄帝陵位于延安市黄陵县，地处桥山，沮水环山，四季青翠。相传汉武帝征朔方还，在这里祭黄帝，筑台祈山，故称“汉武仙台”。

宁夏

NINGXIA

宁夏回族自治区，因过去为西夏国故地而得名。自治区位于西北地区东部，黄河上游河套西部，与内蒙古自治区、甘肃省、陕西省相邻，是中国人口较少，少数民族较为集中的省区之一。除了回族之外，还有其他20多个少数民族。宁夏文化历史久远，3万年前的旧石器时代就已经有了人类的足迹。自元代始，即成为中国回族的主要聚居地区。后来大批波斯人、阿拉伯人迁徙到宁夏屯戍，构成了宁夏境内回民的主要来源。

六盘山

六盘山又称为陇山，是中国最年轻的山脉之一，位于宁夏、甘肃、陕西交界地带。六盘山绵延200余千米，横贯陕甘宁3省区，既是关中平原的天然屏障，又是北方重要的分水岭。黄河水系的泾河、清水河、葫芦河均发源于此。六盘山历来有“春去秋来无盛夏”之说，主峰米缸山海拔2942米，登上主峰远眺，朝雾迷漫，云海苍茫。日出云开，只见重峦叠嶂，层出不穷。山中野生动植物丰富，在宁夏固原、隆德、西吉、海原、泾源5县交界处，建有六盘山国家重点自然保护区。

泾河

泾河是黄河的三级支流，也是渭河第一大支流，位于陕西省中部。泾河源出宁夏回族自治区南部六盘山东麓，有南北两源：南源出泾源县老龙潭，北源出固原大湾镇，两源流至甘肃省平凉市八里桥汇合，东南流经泾川，于杨家坪进入陕西长

银川平原面积为7000余平方千米，地势平坦，利于灌溉。

六盘山呈东南—西北走向，因六盘通往峰顶而得名。

武县，到高陵县陈家滩汇入渭河。泾河流域内泥沙含量很大，新中国建立后，对泾河流域进行了治理、开发，为泾河流域水土的保持起到了相当大的作用。

清水河

清水河是黄河上游的一条支流，位于宁夏回族自治区南源。它源出六盘山北麓。水质较好，流向西北。到同心县以下，水质变坏，有苦咸味，至中宁县西入黄河，长303千米。干支流上建有沈家河水库、石峡口水库和长山头水库。清水河属温带大陆性半湿润气候，热量丰富，雨水充沛，多云，无霜期长。年平均气温在15.3℃，1月份平均气温为4.5℃，7月份平均气温为26℃，年降雨量为130毫米，海拔在1000～1400米，相对高差为400米。

银川

银川市位于宁夏自治区北部，是宁夏回族自治区的首府，也是中国的历史文化名城。市内人口以汉族最多，有回、蒙古、满等25个少数民族，回族是最主要的少数民族。银川市历史悠

明朝政府为了边防安全，在三关口筑长城、设关隘，成为当时宁夏镇城防的“四险”之一。墙体绵延山峰之巅，与墩台、烽火台左右联属，有西控大漠，扼咽喉要道之险。由于地质条件的限制，这一带的长城，都是沙土和砾石结构，因此，如今保留下来的只是一些残存的土堆。

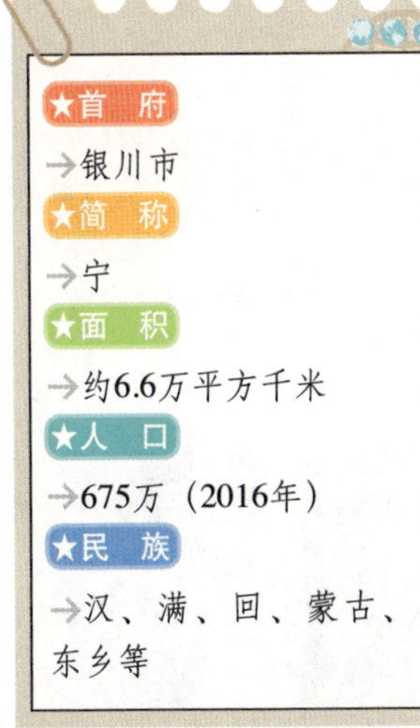

久，早在夏、商、西周时期便设有雍州城，也是历代戎羌诸族的游牧之地。1038年，李元昊在此地建立了大夏国，史称“西夏”，银川改称中兴府。此后经过历代兴替，于1944年改城为市，定名为银川。银川市地处银川平原引黄灌区中部，坡地平缓，东近黄河，沃野千里，作物丰茂，素有“塞上江南”的美誉。银川境内还有多处名胜古迹和旅游景点。

三关口明长城

三关口明长城位于距银川市西40余千米的贺兰山南部。此关口是宁夏与内蒙古阿拉善左旗的交界地，银川至巴彦浩特公路穿关而过，在关口处可看到残断长城遗址。三关即从东向西，设头道卡、二道卡和三道卡，后人称之为三道关。这里山脉

须弥山大佛高踞于半山之上，坐像有20余米高。这尊唐代大佛，造型已经从南北朝时的瘦骨清相转为丰腴，完成了中土化的过程。

中卫高庙建于明朝，是一座三教合一的寺庙。原先规模较小，后经历代重修，清朝已发展成为规模较大的古代建筑群。

蜿蜒曲折，地形雄奇险峻。原两山夹峙的山坳中，建有关隘。三关口长城是明嘉靖十年（1531）宁夏佥事齐之鸾耗巨资修筑的。此关两山相夹，山谷狭窄，一水中分，山陡壁峭，仰望山峰巍峨，下视谷底险峻，地形十分险要，颇有“一夫当关，万夫莫开”之势。

须弥山石窟

须弥山石窟位于原州区西北的须弥山东麓。那里峰峦迭起，树木繁茂，依山傍水，风景秀丽，是黄土高原少有的风景区。须弥山层峦叠嶂，岩石嶙峋，曲径通幽，是传说中灵吉普萨居住的地方，虽然地处偏远，但颇具灵性。北朝、隋、唐以至宋、明各代，在山的东麓开凿石窟共100多处，总称为“须弥山石窟”。它和敦煌、云冈、龙门、麦积山石窟一样，是中国古代文化遗产的瑰宝。

水洞沟遗址

水洞沟遗址是宁夏回族自治区为数不多的国家级文物保护单位之一，是集旧石器晚期遗址、古窑址、古城堡、明长城于一体的地方，位于宁夏灵武县境内长城西南，与长城并行的水洞沟北面的一处断崖，因旧长城南面有一条远古时代自然形成的河沟而得名。考古学家们在此处挖掘出大量的打制石器，说明水洞沟人已掌握了比较先进的打制技术，同时发现了古人用火的痕迹和丰富的古生物化石。在水洞沟遗址中，还发现了稍加磨制穿孔的鸵鸟蛋皮饰物和骨锥等器物，标志着磨制技术已处于萌芽之中，在人类石器制造历史上有划时代的意义。

沙坡头地处腾格里沙漠东南缘，是亚洲中部和华北黄土高原植物区系的交汇地带，为荒漠和草原间的过渡，生物种类及生态具有明显的过渡特点。1984年由宁夏自治区人民政府批准建立保护区。

甘肃

GANSU

甘肃省位于黄河上游，东临陕西，西南与青海、四川接壤，西与新疆维吾尔自治区相连，北与内蒙古自治区相连，部分与蒙古国交界，东北与宁夏回族自治区相邻，地理位置至关重要。古时境内包括了甘州和肃州，因此得名。甘肃省内共有11个民族居住，回族人口占60%以上。丝绸之路曾经是联系华夏文明与西方世界的唯一纽带；敦煌莫高窟的石窟艺术世界闻名，是全人类的文化瑰宝；而公元前2000年出现的齐家文化，更使这里成为中华民族的发祥地与华夏文明的摇篮。

腾格里沙漠

腾格里沙漠位于甘肃省中部边境和内蒙古自治区阿拉善左旗西南部，是中国第四大沙漠。它南越长城，东抵贺兰山，西至雅布赖山，面积约3万平方千米。海拔1200～1400米。腾格里在蒙古语里是“天”的意思，意为“茫茫流沙如渺无边际的天空”。腾格里沙漠内部，沙丘、湖盆、盐沼、草滩、山地及平原交错分布。其中沙丘占71%，属于固定、半固定沙丘。1958年，中国政府开始进行治沙工作，共营造防护林带成百

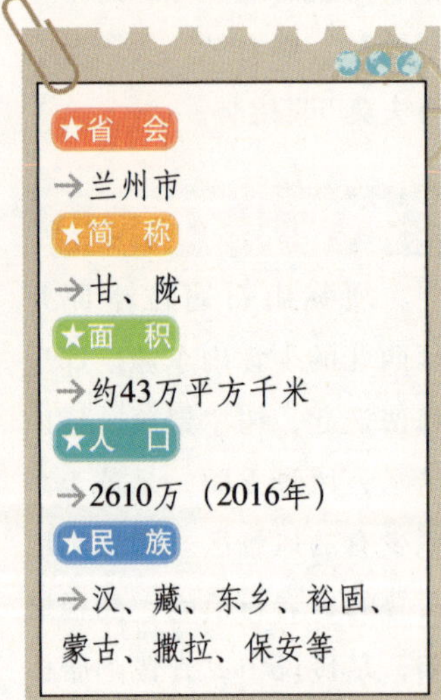

★省 会

→兰州市

★简 称

→甘、陇

★面 积

→约43万平方千米

★人 口

→2610万（2016年）

★民 族

→汉、藏、东乡、裕固、蒙古、撒拉、保安等

巍峨高耸的祁连山

条，封沙育草，从而使通过沙漠的包兰铁路通行无阻，这是中国治沙科学上的一项巨大成就。

“雅丹”在维吾尔语中意为“陡峭的小山”。在敦煌西北处地貌特征显著，有“魔鬼城”之称。

崆峒山号称“西来第一名山”，山势陡峻，海拔1870～2100米。山上佛、道教建筑较多。

祁连山

“失我焉支山，使我嫁妇无颜色；失我祁连山，使我六畜不繁息。”在古代匈奴语中，祁连山就是“天山”的意思。从自古以来的兵戈争夺中，不难看出祁连山地理位置的重要性。祁连山脉位于甘肃、青海两省之间，河西走廊的南面，东起乌鞘岭，西止当金山口，南邻柴达木盆地、茶卡—共和盆地和黄河谷地。经过了历史上不断的断块升降运动，祁连山逐渐形成了地垒山地和地堑式谷地相间排列的地貌，山系西北高、东南低，南北高度差异明显，并有广泛的冰川分布。“天苍苍，野茫茫，风吹草低见牛羊”就是百年前祁连山下牧民生活的写照。

崆峒山

常读武侠小说的人，肯定不会对“崆峒派”感到陌生。而崆峒派诸侠的根据地，就是位于甘肃省平凉市西部的崆峒山。崆峒山山势雄伟，巍峨险峻，群峰连绵，是一座著名的历史名山。秦始皇、汉武帝等历代帝王都曾经专程巡游过这里。传说《封神榜》中的道家仙师广成子就隐居在这座山的石室中。《史记》与《庄子》中所记载的黄帝到崆峒山拜访上古道家仙人广成子的传说，使得崆峒山因此闻名遐迩，成为中国道教圣地，留下了120多处与道教有关的古迹。

黑河

黑河是甘肃省河西走廊中最大的河流，属于内流河。它源出祁连山脉走廊南山与托来山间的分水岭，沿途流经纵谷草地、鹰落峡口、乌江以北，汇山丹河转向西北流，始称黑河。黑河在祁连山中段有许多支流，河水补给以雨水为主，冰雪融水为次。黑河上游山区降雨量比较丰富，有420平方千米的广大冰川，为水源补给地，而且还是良好的牧场；中、下游地区地势低平，几片绿洲的灌溉农业发达。目前，黑河的整个流域已经建成了百万立方米以上的水库共30座。

玉门关·玉门市

玉门关位于甘肃省敦煌市西北的戈壁滩上。它与酒泉的玉门关是两个不同的地方，是古代“丝绸之路”北路的必经之道，是联结古代东西方文化的重镇。现存的玉门关遗址城垣完整，方形

相传玉门关在古时是西域美玉输入中原的关口，玉门关由此得名。现在的玉门关，耸立在干河旁边，是一座土岗上的小城，采用黄胶土夯筑成，近似正方形，全城残余面积600多平方米。

的城体全部由黄胶土筑成，城北还有大车道，是历史上中原和西欧国家交通的邮政驿道，传说名贵的“和田玉”也是经过这里才输入中原的。

玉门市位于甘肃省西部，是中国石油第一城。过去也曾经是古“丝绸之路”上的重镇，是古代中国通往中亚、东欧的必经之地，而今玉门市已成为欧亚大陆桥上新的交通枢纽。除了石油，玉门还出产30多种矿物，240多种中草药材。优越的地理条件使玉门市成为河西走廊的农业基地，近年来深受喜爱的白兰瓜就是当地著名的农业特产。

酒泉卫星发射中心是中国建设最早、规模最大的卫星发射中心，也是各种型号运载火箭和探空气象火箭的综合发射场，拥有完整、可靠的发射设施，能发射较大倾角的中、低轨道卫星。中国另外两个卫星发射中心分别是位于四川省的西昌卫星发射中心和山西省的太原卫星发射中心。

嘉峪关关城

长城是中国古代劳动人民勤劳与智慧的结晶，也是世界七大奇迹之一。被称之为“天下第一雄关”的嘉峪关关城是目前保存最为完整的一座长城关城。嘉峪关关城在嘉峪关市区西南6千米处，位于嘉峪关最狭窄的山谷中部，城关两侧的城墙横穿沙漠戈壁，是明长城最西端的关口，自古就是河西第一隘口。它地势险要，占据着极其重要的地理位置，有“一夫当关，万夫莫开”的气势。这座关城始建于明洪武五年（1372），作为古代中华文明的重要象征，如今依旧傲然屹立，任凭世人瞻仰。

嘉峪关关城是河西走廊上的古城，北倚马鬃山，南依祁连山，建于明朝洪武年间，关城有东西两城楼，4个角楼，南北两个故楼。关城布局合理，建有三重城郭，多道防线，城内有城，城外有槽，形成重城并守之势，显示了古代边关将士的杰出军事才能和劳动人民高超的建筑技术，以“天下雄关”传名古今。

酒泉

酒泉位于酒泉市东郊的酒泉泉湖公园，原先叫作“金泉”。相传西汉时武帝派遣骠骑大将军霍去病西征，打败匈奴之后，武帝赐一坛美酒犒赏。爱兵如子的霍去病想和部属们分享，但人多酒少，他就把美酒倒进金泉中，和士兵同饮泉水。后人把金泉改名酒泉，此地也因此而命名。直到今天泉水仍然源源不绝地涌出，水质清冽澄碧，冬天也不

新石器时代的镂孔灰陶豆

结冰。经过历史不断的变迁，现在泉水附近已经由当年的古战场变成了卫星发射基地。

齐家文化

甘肃陇中的泾、渭上游诸河谷，很早以来就出现了古文明的萌芽，堪称中华民族的发祥地与华夏文明的摇篮。新石器时期（约前2000）这里出现了著名的齐家文化。齐家文化上承马家窑文化，处于新石器时代晚期与青铜时代早期文化之间，属于父系氏族社会，已经出现了阶级和军事民主等制度。齐家文化以原始农业为主，畜牧业相当发达，另外，陶器独具特色，甚至还出现了少量泥制彩陶。

张骞出使西域

张骞生于汉武帝时期，公元前139年，他受命出使西域，寻找并联络曾被匈奴赶跑的大月氏人，合力进攻匈奴。经过前后两次出使，他开辟了中国与欧亚各国的重要陆地交通路线，把中国先进的文化和养蚕、织丝、冶铁、造纸以及农业先进技术传播到西域，又把西域的音乐、舞蹈等艺术和葡萄、苜蓿等作物带回中国。从此以后，中国与西欧各国才正式开始了友好往来的历史。虽然他成了走出中国的第一人，开辟丝绸之路的功臣，不过，直到最后，张骞也没有实现联合大月氏抗击

白唇鹿耐受力极强，经常结成小群，翻山越岭找食物充饥。

藏原羚一般喜过游荡群居的生活，冬天时，群居量从平日的10余只增至上百只。

匈奴的目的。

麦积山石窟

麦积山石窟位于甘肃省东部的天水市，因该山形似麦堆而得名。麦积山石窟可能在后秦时已开始建造，魏孝文帝以后，渐趋发达。北魏、西魏、北周及隋以后各代相继都有开凿，现存魏、西魏、周石窟大约30个。麦积山石质不宜雕刻，佛像一般都是泥塑。经过1000多年，塑像并未溃败，这种和泥法也有其特殊的地方。自隋至明清，历朝都有塑像，大塑像高达15米，小塑像高仅20多厘米。麦积山石窟是中国除敦煌、龙门、云岗三大石窟之外较大的石窟。另有一种“四大石窟”的说法，就是将麦积山石窟包括进去。

敦煌莫高窟

位于甘肃省敦煌的敦煌莫高窟是对莫高窟和西千佛洞的总称,它是中国四大石窟之一，也是世界上现存规模最宏大、保存最完好的佛教艺术宝库。莫高窟位于敦煌市东南25千米处，开凿在鸣沙山东麓断崖上，至今仍保留有从十六国起至元朝的10个朝代的洞窟500个，壁画4.5万多平方米，彩塑像2000多尊，壁画和雕塑的数量和内容都令世人叹为观止，已被联合国教科文组织列为世界文化遗产。其中的“飞天”已经成为了中国文化中具有代表性的仙女造型。

敦煌壁画中的杰作“飞天”

青海

QINGHAI

青海省因境内有中国最大的内陆咸水湖——青海湖而得名。位于中国西北、青藏高原东部，是长江、黄河的发源地。青海是一个多民族聚居的省份，但人口密度很低。这里资源丰富，也是中国五大牧区之一，少数民族多从事以游牧为主的畜牧业生产，兼营饲养业。青海历史悠久，从旧石器时代晚期开始，就有了人类的踪迹。各族人民在青海的土地上繁衍生息，互通有无，相互融合，逐渐形成了具有浓郁地方风情的文化。

青南高原

青南高原主要指的是青海省南部广大地区。它是构成青藏高原的主体部分之一，由于位于青海省南部，因此习惯上被称作青南高原。青南高原的面积约占青海省总面积的一半，高原上分布着众多的大小山脉，东西横亘着昆仑山及其支脉、唐古拉山等几组大山脉，气势磅礴但高差不大，构成了青南高原的骨架，也是青藏高原的主体骨架。青南高原平均海拔在4000米以上，许多高大的山脉都在6000米以上，就连河谷海拔也在3200～4000米。高原地势由西北向东南倾斜，“是山不全山，是原不全原”是对青南高原地表形态的真实写照。青南高原的东部由于受孟加拉湾西南季风暖湿气流的影响及地形的抬升作用，加之高原本身的低涡和改变活动频繁，使这里年降水量相对比较充沛。青南高原也是中国许多江河的发源地。高原西

在青南高原奔驰的野驴群

部的黄河、长江源头年降水量大都在300毫米以下；境内其余地区年降水量均在300～400毫米。这里的年降水量地区差异大，总的分布趋势是由东南向西北逐渐减少。

澜沧江以雨水补给为主，兼有少量的地下水和高山冰雪融水补给，水量充沛。

可可西里

可可西里位于青藏高原西北部，蒙语意为“美丽的少女”，是长江的主要源区之一。夹在唐古拉山和昆仑山之间，周边地区大部分都是少数民族地区，西部与西藏自治区相邻，西北角与新疆维吾尔自治区相连。可可西里无人区是中国最大、世界第三的一片无人区，也是中国最后一块保留着原始状态的自然之地。这里周围没有屏障，地势高峻，气候寒冷，常年大风，氧气稀薄，属高寒荒漠气候。恶劣的气候虽然限制了人类在可可西里的活动，却将这里变成了野生动物的天堂。可可西里的大部分地区仍保持着原始的自然状态，是中国动物资源比较丰富的地区，有许多国家级重点保护的珍稀物种在此生息。

巴颜喀拉山

巴颜喀拉山位于青海省中部偏南，是昆仑山脉的南支。在蒙古语里的意思是指“富饶青色的山”。它西接可可西里山，东连岷山和邛峡山，是长江与黄河源流区的分水岭。北麓的约古宗列渠是黄河源头所在；南麓是长江北源所在。巴颜喀拉山区地势较高，气候寒冷，属高寒荒漠草原，人烟稀少，只有藏人在此从事畜牧。这里雨量充沛，有深厚肥沃的永久冻土，是青海南部重要的草原牧场。同时这里还盛产被人们称之为“高原之舟”的牦牛和举世闻名的藏系绵羊，巴颜喀拉山也被称为“牦牛的故乡”。

澜沧江

澜沧江是横断山区的重要河流，也是西南地区的大河之一。它发源于青藏高原，有两个源头，东源扎曲，西源昂曲，扎曲为正源，都出自唐古拉山，二源至昌都汇流后称澜沧江。澜沧江河床落差较大，江水汹涌湍急，水能蕴藏量非常丰富，将近3000万千瓦。澜沧

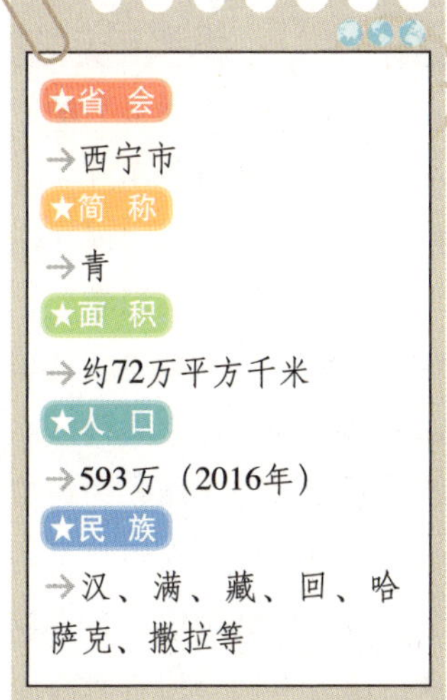

江干流流经西藏、云南等地，流域内，尤其是下游部分，坝子和湖泊分布较广，有利于农业的发展。

沱沱河

沱沱河又名托托河，位于青海省西南部，发源于唐古拉山脉主峰各拉丹冬西南侧姜根迪如雪山的冰川。沱沱河是长江的正源，南北长50多千米，东西宽20多千米，积雪面积达600平方千米的雪山上有多条冰川，因此水量充足。在明代以前一般皆沿用“禹贡”，“岷山导江”。明代徐霞客写下“江源考”，指出江源应属金沙江，但按照“河源惟远”的原则，沱沱河才是真正的源头。河水先向北流，穿过山谷后进入河漫滩，在满布沙砾的河滩上时分时合，形成瓣状水系，到葫芦湖附近才折向东，河面开始展开，河谷宽、河水浅、河床中浅滩罗列，水流散乱。河水与支流当曲汇合后，就是通天河。

通天河

通天河位于青海省南部，是长江正源沱沱河与当曲的汇合处，囊极巴陇、东南到玉树县巴塘河口附近的直门达这一段长江上游的别称。通天河主要流经青藏高原腹地，地面海拔4500米上下，与长江中下游河段相比，可谓是通天的河流。在楚玛尔河汇口以上，除个别河段较狭窄外，河谷皆宽广，水流散乱。在汇口以下，两岸山岭距河床较近，水流基本上合成一股。直门达是古代通往玉树藏族自治州、西藏自治区的必经之路，也是青藏通衢的天堑。直门达以下称金沙江。

青海湖上的鸟岛

通天河全长813千米，在藏语里通天河叫“珠曲”，意思是“奶牛的水”。河两岸的自然条件复杂，属高原性气候，日照长，光能资源得天独厚，形成了多种类型的天然草原牧场。通天河上设有直门达水文站，以便进行水文观测。

青海湖·鸟岛

青海湖是中国最大的咸水湖，位于青海省东部。古称西海，蒙古语叫“库库诺尔”，藏语叫“错温布”，即“青色海”的意思。这里四周群山环绕，地处内陆高原，气候寒冷干燥，为典型的大陆性气候。青海湖是一个美丽的内陆湖泊，自古以来，便被人们誉为青海高原上的一颗灿烂明珠。湖畔芳草如茵、湖水清澈、远山苍翠、风景如画，是一处著名的旅游胜地。

在风光旖旎的青海湖中，有一个国内外闻名的鸟岛自然保护区，这里栖息着种类繁多的鸟类，其中不乏珍稀品种。根据鸟类专家的估计，这里禽鸟的总数在10万只以上。保护区中的鸟岛（小西山）和三叉石（孤插山）是最为著名的两处景观，在这里聚集着保护区鸟类总数的70%以上。青海湖地区鸟禽集中栖息、繁殖的岛屿有鸟岛、海心山、孤插山、海西山、沙岛以及鸟岛至泉湾、那尕则沿湖滩涂、沼泽地等。

↓美丽的青海湖

鄂陵湖

鄂陵湖藏语意为蓝色长湖。在中国青海省果洛藏族自治州的玛多县和玉树藏族自治州的曲麻莱县境内。鄂陵湖与扎陵湖同为黄河上游最大的一对淡水湖，又称“鄂灵海”，古称柏海。鄂陵湖西距扎陵湖15千米。黄河切穿两湖间的巴颜朗玛山时形成峡谷，峡谷长300余米。湖面海拔4272米，东西宽处约31.6千米，面积610平方千米。平均水深17.6米，蓄水量107亿立方米。湖中产冷水性无鳞鱼类，其中以花斑裸鲤、扁咽齿鱼、黄河裸鲤、三眼鱼等为主。湖心小岛候鸟群集，栖息着大雁、棕颈鸥、鱼鸥、青麻鸭等多

↑鄂陵湖和扎陵湖是黄河源头美丽的姊妹湖，这对美丽的姊妹湖是名副其实的高原湖，海拔4200米，比青海湖高出1000多米。图为扎陵湖。

龙羊峡水电站位于龙羊峡入口，主坝长396米，最大坝高178米，是我国自行设计、施工的大型水利枢纽，以发电为主，兼有防洪、防凌、灌溉、养殖、旅游、航运等综合效益。

种候鸟，成为青海高原上另一鸟岛。湖滨亚高山草甸为青海重要牧场。

扎陵湖

扎陵湖在青海省果洛藏族自治州的玛多县和玉树藏族自治州的曲麻莱县境内。又称“查灵海”，藏语意为白色长湖。位于青海高原玛多县西部构造凹地内，居鄂陵湖东侧。湖面海拔4294米，面积526平方千米，最深处在湖心偏东北一侧，蓄水量46亿立方米。纳卡日曲与约古宗列渠（藏名玛曲）汇成黄河，湖心偏南为黄河主流线。黄河携带大量泥沙入湖，风浪泛起时湖面呈灰白色，故有白色长湖之称。湖中盛产裸鲤，俗称湟鱼。湖西部距黄河入湖处不远有3个小岛，夏季大群候鸟聚居，也称鸟岛。湖滨多为亚高山草甸，为重要牧场。

龙羊峡

龙羊峡是黄河上游的峡谷之一，位于青海省东部共和、贵南两县之间。峡谷长38.6千米，上下口落差达235米，下口距河源1724.3千米。峡谷两岸由花岗岩、砂板岩组成，宽不足100米，最狭处水平面宽仅20～40米，深达120～150米，谷壁陡峻。河水年平均流量640立方米/秒。在龙羊峡至寺沟峡之间将修建7座梯级水电站，龙羊峡水电站为第一级电站，被称为黄河上游水电站梯级开发的龙头。龙羊峡水电站虽次于长江葛洲坝水电站，但就库容、单机容量、大坝的高度而言，堪称大型水电站。

西宁市·格尔木市

西宁市是青海省的省会，位于青海省东北部，别称石堡城。这里主要有汉、回、藏、土等民族居住。西宁历史悠久，距今已有2000多年的历史。西汉霍去病曾在此建“西平亭”。此后历代君王都在此处设郡置县。1944年，设西宁市。西宁境内有多处名胜古迹，其中有马家窑卡约文化遗址、马场齐家文化遗址、辛店文化遗址和南凉王修建的虎台遗址等13处。市区内还有始建于明代的东关清真大寺，是中国西北四大清真寺之一，具有中国古代宫殿式的建筑风貌。

格尔木市是青海省第二大城市。位于青海省西部，柴达木盆地中南部。“格尔木”为蒙古语，意为“河流密集的地方”。格尔木地处柴达木盆地南缘与昆仑山北麓的格尔木河畔，海拔较高，属高原大陆性气候，多沙漠、盐碱地。这里矿产资源丰富，素有“聚宝盆”之称。农牧业也较为发达，是青海西部以电力、建材、化工、皮革、盐业、食品、汽车修配等工业为支柱的新兴工业城市，也是青海重要的交通枢纽。市内有察尔汗盐湖、万丈盐桥、江源冰川、昆仑山口、冻土冰丘等地理景观，尤其是万丈盐桥，全长32千米，路基、路石均为盐土，实属罕见。

塔尔寺

塔尔寺在藏语中叫作“衮本贤巴林”，意为“十万佛像弥勒洲”。位于青海省湟中县鲁沙尔镇西南隅的莲花山坳中，是中国藏传佛教格鲁派（俗称黄教）创始人宗喀巴大师的诞生地，也是藏区黄教六大寺院之一。每年举行的佛事活动“四大法会”更是热闹非凡，游人如潮。塔尔寺始建于1379年，寺内建筑错落有致，布局严谨，风格独特，殿内佛像造型生动优美，超然神圣。栩栩如生的酥油花、惟妙惟肖的壁画和色彩绚丽的堆绣被誉为“塔尔寺艺术三绝”。寺内还珍藏了许多佛教典籍和历史、文学、哲学、医药、立法等方面的学术专著。

塔尔寺内有大金瓦寺、小金瓦寺、小花寺、如意塔、太平塔等大小建筑，共1000多座院落，4500多间殿宇。

柴达木盆地有32个盐湖，天然无机盐类储量达3832亿吨，钾的储量占我国已经探明钾总储量的96%以上，有钾镁盐矿15处，其中察尔汗盐湖面积5856平方千米，是中国最大的可溶性钾镁盐矿床。柴达木盆地矿产资源埋藏浅，品位高，水文地质条件简单，容易开采。

新疆

XINJIANG

新疆维吾尔自治区位于中国西北部，东部、南部与甘肃省、青海省、西藏自治区相邻，从东北到西南与蒙古、俄罗斯、哈萨克斯坦、吉尔吉斯斯坦、塔吉克斯坦、阿富汗、巴基斯坦、印度等国接壤。新疆是中国面积最大的省区，也是国界线最长的省区，以维吾尔族为主体的多民族聚居地区，古称西域，西汉时正式并入中国版图。少数民族在这里创造了别具风情的地区文化，楼兰古城、高昌古城、交河古城等诸多遗址就是新疆历史的最好见证。

帕米尔高原

帕米尔高原位于新疆维吾尔自治区西南部、塔吉克东南部、阿富汗东北部一带，“帕米尔”是塔吉克语，“世界屋脊”之意。高原由天山山脉、昆仑山脉、喀喇昆仑山脉和兴都库什山交汇而成，是中国习称葱岭的一部分。丝绸之路经此通往波斯（今伊朗）等地。“帕米尔”并没有明确界限，是一组东西走向和南北走向山脉的联合体，以东西走向的山脉为主。根据地形分为东、西帕米尔两部分。高原内的菲德钦科冰川，长达71.2千米，是世界上最长的高山冰川之一；位于帕米尔北部的喀拉湖，湖面海拔3954米，是世界海拔最高的湖和内陆盐湖之一。

天山山脉

天山山脉是亚洲中部的大山系，横贯新疆维吾尔自治区中部，西端伸入哈萨克斯坦境内，长2500千米，

其中位于中国境内长约1700千米，宽250～350千米，面积41万平方千米。山脉呈东西走向，海拔多在4000米以上。汗腾格里峰地区是天山最宽大最高耸的山区，位于西段的托木尔山峰是天山山脉的最高峰，海拔7435米。由于天山隆起于塔里木盆地和准噶尔盆地之间，成为气候的重要分界。北侧较湿润，南侧干旱。北坡有云杉林分布，为重要的森林资源；南坡多山地草原，植物、土壤垂直变化明显。

★首府
→乌鲁木齐市
★简称
→新
★面积
→约166万平方千米
★人口
→2398万（2016年）
★民族
→维吾尔、汉、回、哈萨克、俄罗斯、塔吉克、达斡尔等

发源于天山山脉的多条大河在山间或山前形成大面积绿洲，成为新疆的主要农业区。

阿尔泰山

阿尔泰山位于新疆最北部，延伸于中国与蒙古、俄罗斯边界，是中国与蒙古、俄罗斯、哈萨克斯坦的界山，总长近2000千米。阿尔泰山，蒙语的意思是"金山"。谚语称道"阿尔泰山七十二条沟，沟沟有黄金"，历史记载阿尔泰山曾挖出一块重达170两的"狗头金"，足以证明该山黄金矿藏的丰富。中国境内的阿尔泰山分布于额尔齐斯河以北，这里风景优美，自然资

阿尔泰山耸立于亚洲腹部的干旱荒漠和干旱半干旱荒漠地带，西风环流带来大西洋水汽，给山区带来降水。

↑吐鲁番盆地北缘的火焰山古代又称赤石山，呈东西走向，长100千米，最宽处达10千米，全山地气蒸腾，寸草不生。

源丰富多样，有多种矿藏和优良牧场，尤其是森林资源中的优质木材，占有重要地位。

吐鲁番盆地

吐鲁番盆地，位于天山山脉与塔克拉玛干沙漠之间，包含了西域风物的全部经典。吐鲁番在突厥语中意思是“富庶丰饶之地”。它地处古丝绸之路中的要冲地段，是新疆与内地、中亚地区和欧洲商贸文化交流的重镇，也是古代西域重要的军事、政治、经济中心之一。自古以来，车师人、汉族人、维吾尔族人等各民族人民，共同开发建设了吐鲁番。吐鲁番是著名的葡萄之乡，由于日照长，气温高，降水量低，蒸发量大，适宜种植无核白葡萄、甜瓜等作物。“苍藤蔓架覆檐前，满缀明珠络索园”就是吐鲁番田园风光的真实写照。

新疆天池

新疆天池古称“瑶池”，是中国著名的风景名胜区。天池位于阜康市城南西博格达峰的群山之中，是一个天然湖泊，在地质学上属冰碛湖。这里群山环抱、碧水蓝天，雪峰雄伟挺拔，倒映在池水中，湖光山色，浑然一体。满山苍松叠嶂，郁郁葱葱，一望无际，林间花草丛生，毡房点缀，羊群云游。天池整体上显得错落有致、浓淡相宜，每逢阴雨过后，景色更为迷人。环绕天池的群山，还拥有丰富的动植物资源和矿物资源，可供人开采。

塔里木河

塔里木河位于新疆维吾尔自治区塔里木盆地北部，是中国最大的内陆河。它的上游有3源：源出于天山山脉的阿克苏河、源出于喀

↓新疆天池海拔1980米，面积5平方千米，水深数米到数百米不等，还有高达100米的瀑布飞流直下，十分壮观。

博斯腾湖的水产资源丰富，湖中盛产鱼类，品种繁多，是新疆最大的渔业区。湖边茂密的芦苇叶中，还栖息着各种水鸟。

喇昆仑山脉的叶尔羌河及和田河。这3条河在阿瓦提县肖夹克附近汇合后，称塔里木河。塔里木河在尉犁县以南折向东南，穿过塔克拉玛干沙漠的东北部，注入铁干里克的大西海子水库。塔里木河河流经常改道，在中游地区造成南北宽达百千米左右的冲积平原，河道曲折，岔流众多。塔里木河漂流探险自古至今一直吸引着众多的国内外探险者。两岸胡杨林浓荫蔽日，形成天然绿色长廊，沃野千里，大型国有农牧场连片，是新疆重要的棉、粮、蚕桑和瓜果的生产基地，号称“塞外鱼米之乡”。如今这里已成了中国最重要的棉花生产基地。

博斯腾湖

博斯腾湖是新疆最大的淡水湖泊，位于新疆维吾尔自治区中部的焉耆盆地，为山间陷落湖，又名为巴喀赤湖，属于高原湖泊。湖面海拔1048米，湖水面积1019平方千米，汇入湖泊的河流主要来自西北的开都河、马拉斯台河等，然后经过西南部的孔雀河排出，进入库尔勒地区，最后再汇入罗布泊，远远望去，无边无际。近年来，库尔勒地区的工农业用水量不断增加，占用了过多湖水，导致水位下降，湖面缩小，湖水矿化度逐年升高。如今，这个昔日的淡水湖已经演变成了一个湖水微带咸味的湖泊。原先这里的塔里木裂腹鱼（俗称尖头鱼）、扁吻鱼（俗称大头鱼）和长头鱼等已经不再有昔日的繁盛。

喀纳斯湖

喀纳斯自然保护区位于新疆北部的阿尔泰山脉深处，喀纳斯湖是自然保护区的重要组成部分。“喀纳斯”又名哈纳斯，在蒙古语中意为“美丽而神秘的

特克斯河是伊犁河上游的三大支流之一，河水从这里流过，使草原水草丰盛，是放牧的好地方。

水”。喀纳斯湖的形状像一弯月牙，环湖四周峰峦叠嶂，原始森林密布，阳坡被茂密的草丛覆盖。在北端的入湖三角洲地带，大片沼泽湿地与河湾小心滩共存，地形平坦开阔，各种草类与林木共生，风景秀丽，水天相接。喀纳斯处于阿尔泰山的最南端，特殊的地理条件、适宜的水热资源，构成西伯利亚泰加林及其丰富的植被。苍劲的五针松，挺拔秀丽的冷杉为中国独有。塔形的云杉，耐寒耐旱的落叶松，静候在湖边的白桦树，构成了各异的森林景观。

罗布泊

罗布泊位于新疆若羌县境东北部，曾经是中国第二大内陆河，面积2400～3000平方千米。古罗布泊河流的诞生距今已经有200万年，面积曾经达2万平方千米以上，在新构造地质运动的影响下，盆地自南向北倾斜抬升，分割成几块洼地。现在罗布泊北面最低，最大的一个洼地，曾经是塔里木盆地的积水中心，发源于天山、昆仑山和阿尔金山的流域，源源注入罗布洼地后形成湖泊。20世纪60年代，塔里木河下游断流，使罗布泊渐渐缩小，到1972年底，这里已经彻底干涸，不复往日的美丽。

吐鲁番戈壁滩上的坎儿井

乌鲁木齐是中国、印度、伊斯兰以及欧美几大文化体系的汇流之地。

坎儿井

在吐鲁番的戈壁滩上，有一种特殊的井——坎儿井。“坎儿”是维语“井穴”的意思，是一种维系绿洲生存的特殊灌溉系统，也是独特的地下水利工程。由竖井、地下暗渠两部分组成，是一排排垂直打在一条条地下水渠上的竖井。坎儿井的出现与吐鲁番盆地的地理环境有关。吐鲁番虽然酷热少雨，但盆地周围的雪山在夏季时有大量冰川融水流向盆地，渗入戈壁，汇成潜流，提供了丰富的水源，但吐鲁番盆地每年3000多毫米的蒸发量不利于地表水的保存，于是当地的居民利用吐鲁番的地质特点，在高山雪水潜流处打出坎儿井，引水下流。

乌鲁木齐

乌鲁木齐市位于新疆中部，天山山脉中段北麓，准噶尔盆地南缘，是新疆维吾尔自治区的首府，西北地区新兴的综合性工业城市，也是全区政治、经济、文化和交通中心。乌鲁木齐是蒙古语，意为“优美的牧场”。

乌鲁木齐地处天山北麓冲积平原上，属温带干旱大陆性气候，丰富的光热条件以及较大的温差为农业发展提供了条件。这里的煤质优良，素有“煤田上的城市”之称。

高昌古城

高昌古城，维吾尔语称“亦都护城”，即“王城”之意，是高昌回鹘王国的都城。它位于距吐鲁番市东45千米的火焰山南麓木头沟河三角洲，是古丝绸之路的必经之地和重要门户。高昌古城历史悠久，始建于公元前1世纪，因其“地势高敞，人广昌盛”而得名。汉唐以来，高昌是连接中原与中亚、欧洲的枢纽，经贸活动十分活跃。世界各地的宗教也先后经由高昌传入内地。

高昌古城分为外城、内城和宫城3部分，其中外城西南角的寺庙遗址，至今保存完好。在它的附近，发现有绿琉璃瓦的残片和绘有图案的房屋石基，可见当年的建筑已具相当水平。

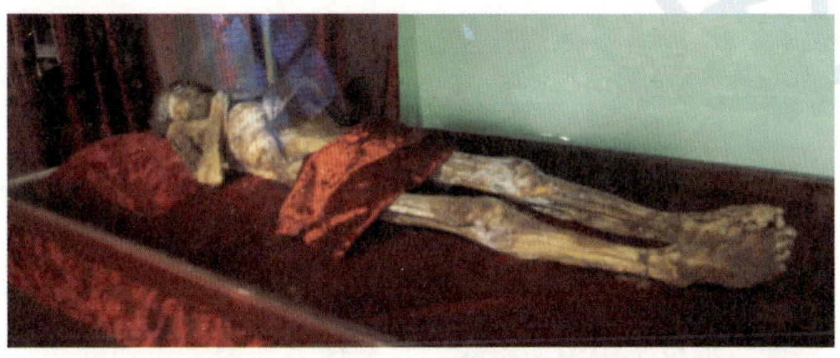

楼兰遗址中发现的保存尚好的古尸

楼兰古城

楼兰古城位于新疆若羌县境内罗布泊以西，以其神秘色彩吸引了无数学者与探险家。早在西汉时期，罗布泊地区有一个楼兰国，它的城郭——楼兰城，曾经是古丝绸之路上重要的交通枢纽。但是这样一座活跃了几个世纪的城市，到公元4世纪后竟然完全消失于历史记载，沦没于荒漠中。在沙漠深处，还有一片方圆20千米的古城遗址，紧邻干涸的尼雅河床。科学工作者对此先后提出了沙漠南侵说、异族入侵说、丝路改道说、土地盐碱化说、河流改道说和气候变迁说等见解，但究竟是何原因并无定论。

雪莲

雪莲也称雪莲花，是菊科多年生草本植物，有紫红色花蕊和白中带黄花瓣，在中国多分布于新疆、甘肃、青海、西藏等地。雪莲能够在雪地绽放，是由于它的周身长满了白色长绵毛，宛若绵球。这层厚密的棉毛既保暖又防晒，犹如穿上了白色绒衣，以保证在寒冷的高山环境下能够茂盛地生长。用晒干的雪莲浸酒服用，既能健身提神，又可治疗腰酸背痛、风湿和关节炎。在藏医药史上，雪莲花作为药物已有悠久的使用历史，藏医学文献《月王药珍》和《四部医典》上都有记载。

珍贵的天山雪莲

香港

XIANGGANG

香港位于中国东南端，是全球发展最为迅速的东亚地区的枢纽，地理条件优越，由香港岛、九龙半岛和新界（包括235个离岛）组成。香港拥有一个深水港，工作人口达300万。150年前，香港被形容为“荒芜之地”，时至今日，已发展为一个国际金融商贸中心。目前，香港是全球第八大贸易经济体系，也是第九大服务输出地。按照1984年签订的《中英联合声明》，1997年7月1日起，中华人民共和国恢复对香港行使主权，香港成为中国的一个特别行政区。

大屿山岛

大屿山岛位于珠江口外，是香港最大的岛屿，比香港岛的面积大将近一倍。大屿山岛地势西南高峻，东北较低，主峰凤凰山，海拔高达934米，是香港的第二高峰。山上气势磅礴，有“凌绝顶”之称。山下有罗汉寺，寺内的罗汉洞及罗汉泉景色迷人。山的西面有宝莲寺和“天坛大佛”，北面有

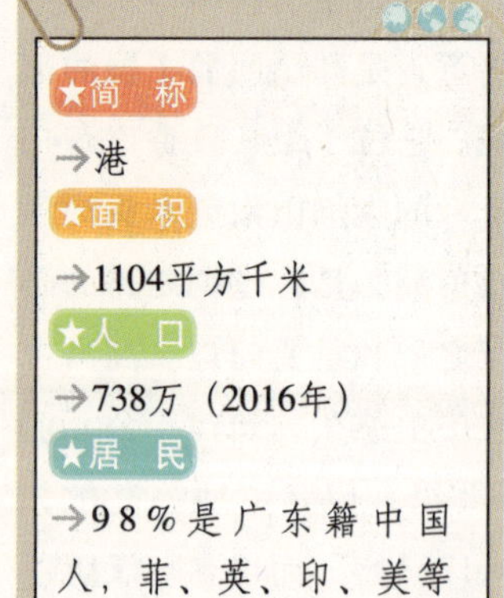

★简　称

→港

★面　积

→1104平方千米

★人　口

→738万（2016年）

★居　民

→98%是广东籍中国人，菲、英、印、美等外籍人口占2%

香港会议展览中心外景

繁华的香港城市一瞥

清代海盗张保仔的古堡，东南海岸有香港海岸最长的海水浴场——长沙湾渔场。大屿山岛上山多、平地少，只有山溪下有小块平坦土地，岛上人口最集中的地方是西南面的大澳镇，是一个比较繁华、热闹的地方。

九龙半岛

九龙半岛原为由北向南逐渐降低的丘陵半岛，位于珠江口东侧，隔海与香港岛对峙。九龙是香港的一个工商业活动中心，其中油麻地、尖沙咀、旺角等地最为繁华，有许多大型商场、饭店和小的店铺、酒楼。世界最繁忙的机场之一，前香港机场启德机场就在九龙，现在变成了游园区。主要城镇九龙位于半岛南端，有铁路通往广州。九龙半岛和香港岛之间是世界第三大天然深水港维多利亚港。

香港岛

香港岛简称为港岛，是香港三个岛屿中唯一离开大陆的岛。港岛上有很多小山，高度都在300～400米，最高峰是太平山，海拔554米。香港岛是香港最重要的海岛，是香港地区的行政和金融中心，岛的北面有好几条繁华大街，如皇后大道、德辅道、干诺道等。由于土地少，又多山丘，所以这些街道都是经过劈山和填海建成的。港岛的南部有著名的深水湾、浅水湾，是香港的主要旅游区和高级住宅区；港岛中部是香港最繁华的地方，也是香港政府机关所在地，到处都是豪华的商业大厦和购物中心。

维多利亚港

维多利亚港位于港岛北部的九龙尖沙咀南岸海域，是中国的第一大港，也是世界第三大海港，仅次于美国的旧金山和巴西的里约热内卢。当年英国占领这个海港时，正

香港顶级TWO IFC国际金融中心高420米，共88层，为香港最高建筑物，全球第三高的摩天大厦。

是维多利亚女王在位，由此得名。海港水面宽阔，从东边入港口的鲤鱼门到西边的汲水门，吃水12米的轮船可以自由进出。海港的西北部有世界最大的集装箱运输中心葵涌货柜码头，繁忙的渡海小轮则穿梭于海峡两岸之间。

太平山

太平山俗称扯旗山，维多利亚峰，雄踞在香港岛西部，是香港岛的标志。太平山反映了香港市民渴望太平的共同心愿，是香港最著名的游览胜地之一。太平山海拔380米，山顶缆车自1888年就开始营运，100多年来从未出过事故。山顶设有很多专为游客观景服务的设备，从山上俯瞰维多利亚港及九龙半岛， 一览无遗。香港的夜景世界著名，最佳观赏位置为缆车总站附近古色古香的狮子亭和空旷怡人的山顶公园。山顶广场眺望日落景色最为理想，适合郊游远足的港岛径也是从这里开始。

浅水湾

浅水湾位于香港岛的南部海滨，是香港最高尚的住宅区之一，同时也是香港最受欢迎及交通最方便最具代表性的泳滩，是游人必到的著名风景区。在众多的香港海水浴场中，浅水湾是最美的海滨，它海滩绵长，滩床宽阔，且水清沙幼，波平浪静。滩区设有更衣室及淋浴设施，夏季有救生员值勤。泳滩旁亦有快餐店、餐厅及超级市场，著名的浅水湾酒店旧址已成为一个商场——影湾园，内有高级商店及餐厅。沙滩上建有具中国古典色彩的镇海楼公园，内塑有10余米高的天后娘娘及观音神像。

香港会议展览中心

位于湾仔博览道1号的香港会议展览中心，是香港最新建筑群中的代表者之一。香港会议展览中心建成于1988年，除了做大型会议及展览用途之外，这里还有酒店、办公大楼和豪华公寓。而它的新翼则由填海扩建而成，内附大礼堂及大展厅数个，分布于3层建筑之中，面积达3000平方米，是世界最大的展览馆之一。1997年7月1日香港回归中

维多利亚港位于维多利亚海峡近岸，港区海底多为岩石，泥沙少，航道无淤积。港区水域辽阔，可以同时靠泊50艘巨轮。由于九龙半岛向南伸入海中，消减了风浪，使港区相对平静。

国大典就在该中心举行，成为国际瞩目的焦点。而它独特的飞鸟展翅式形态，也给美丽的维多利亚港增添了不少色彩。这里经常举办些商业会谈、流行展览、服装秀等。

香港金融中心

香港是继纽约、伦敦之后的第三大国际金融中心，中环区位于本岛的核心区域，是香港的金融贸易心脏。从九龙岛一侧眺望对岸的香港岛，沿海岸线一带是层出不穷的高层建筑群，直插天空。这里就是著名的香港中环。其高层建筑的密集程度堪称世界之最。世界上主要的银行都在此有分支行，国际规模的大企业办公楼也多集中在这一地区。以背后的群山为背景，楼与楼之间毫无间隙地林立着，显示了世界上屈指可数的金融大城的风格，是整个香港的政治、经济中心。这里是英国在鸦片战争中将香港岛割据以后，将此作为殖民地的中枢，开始开发起来的。说起这条街道的构造，给人的感觉是高层建筑就像面包片一样，一层一层重叠起来。目前，这一区域集中了大量的金融、保险、地产及商用服务行、中国银行的新总部等，已成为办公楼建筑的主流。

太空馆

太空馆位于尖沙咀海旁，占地约8万平方米，主体建筑呈新月形状。太空馆分东、西两翼。东翼呈蛋壳形状，是太空馆的核心；西翼设有天文展览厅、演讲厅、天文书店。天象厅是太空馆的主体，装有直径达23米的半球型银幕，下有重达2.5吨的天象投影仪，是世界上第一座拥有全自动天象节目控制系统的天文博物馆。

太空馆设计独特的蛋形外壳，早已成为香港特别行政区的一个地标。

香港海洋公园分山上与山下两部分，山上有海洋馆、海洋剧场、海涛馆和机动游戏；山下则是水上乐园、花园剧场、金鱼馆及仿中国宫廷建筑所建的集古村。

澳门

AOMEN

被称为“东方蒙地卡罗”的澳门是一座比较特别的城市，地处珠江口西南岸，距香港56千米，西与广东珠海市隔一条濠江水道，南面濒临南海，包括澳门半岛、氹仔岛和路环岛等。1999年12月20日中国政府恢复对澳门行使主权，设立澳门特别行政区。澳门文化具有浓重的外埠色彩，并且结合了中西方的特色，是一座洋溢着南欧风情的海滨城市。澳门博彩业在葡萄牙治理期间被合法化，如今已经发展成世界三大赌城之一，以博彩业闻名世界。

★简　称

→澳

★面　积

→29.2平方千米

★人　口

→64万（2016年）

★居　民

→97%是中国人，葡、英、菲、泰等外籍人口占3%

澳门半岛

澳门半岛位于广东省南海岸珠江口西南部，是澳门最主要的半岛，澳门绝大部分人口和经济活动都集中在这里。澳门半岛由花岗岩丘陵和小冲积平原组成，平地所占面积大约为80%，其余是丘陵地带，适合于城市开发。半岛西部与湾仔之间为狭窄的澳门河口，建有渔业、水运码头和港澳之间

澳门的友谊大桥于1994年建成通车，连接澳门半岛和氹仔岛，大桥长3900米，宽15米，设有双向四车道，并有人行道。

飞仔岛全景。该岛的东部大氹山是最高峰，海拔160米。西部小氹山次之，约为111米。观音岩海拔仅60米。

的轮渡码头。东岸防波堤内新建外港，但由于淤塞严重，只可以充任港澳之间的交通码头，缺乏深水码头和避风塘，大型船只停泊不多。澳门资源贫乏，只能以特种行业带动经济，工业仅能发展玩具、成衣加工之类，正因如此，澳门拥有了工业城市所没有的洁净。

氹仔岛·路环岛

氹仔岛位于澳门之南，原本由大氹仔、小氹仔和观音岩组成。后来因泥沙淤积，观音岩与大氹仔岛连到一起，从氹仔岛群分化出去。原来的小岛即是今天的丘陵，岛上丘陵基岩均为花岗岩，地表植被覆盖良好。但由于地表透水能力和地层保水能力都不强，地表水和地下水均缺乏，仅有少数泉水水源。仔岛周围海岸除东南岸外，均有滩涂淤积，港口条件差，但后备土地资源充足。

路环岛位于氹仔岛之南2000米。岛西面是珠海市的大横琴岛，相距最窄处不到300米。岛上丘陵起伏，地势为全澳最高，平地极少。黑沙和竹湾两个优良海滩泳场分别位于岛的东南和南岸。路环岛过去以渔业为主。随着全澳的发展，路环岛的发展也在逐步加快。

妈祖阁

海洋城市澳门也是妈祖文化的繁盛之地。澳门妈祖阁建于1448年，至今已逾500年，是澳门三大禅院中最古老的一座，坐落于澳门东南方。 妈祖阁俗称天后庙，每年春节和农历三月二十三日妈祖诞期，就是妈祖阁香火最鼎盛之时。除夕午夜开始之时，不少善男信女纷纷到来拜神祈福，庙宇内外，一片热闹。而诞期前后，庙前空地会搭盖大棚作为临时舞台，上演神苏戏。宗教成分复杂的澳门以信奉佛教、基督教和天主教的人数居多，但是妈祖作为海洋之神，仍然在澳人心中占据重要地位。

澳门民间有着对海的最原始的信仰，妈祖是澳门人最崇拜的海神。

台湾省

TAIWANSHENG

台湾省位于中国大陆架东南缘，东临太平洋，西隔台湾海峡与福建省相望，东北临近琉球群岛，南界巴士海峡。以台湾岛为主，包括周边的澎湖列岛、钓鱼岛等岛屿。台湾地理位置重要，是南北海上交通及西太平洋航线的要冲，也是中国与太平洋地区各国联系的交通枢纽。古时有“东”“夷洲”“琉球”等称谓，明朝万历年间正式得名台湾。台湾现有居民大多数是福建、广东两省的移民。

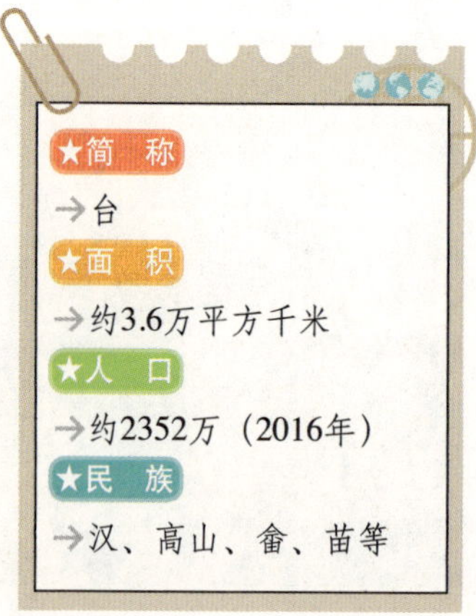

★简　称

→台

★面　积

→约3.6万平方千米

★人　口

→约2352万（2016年）

★民　族

→汉、高山、畲、苗等

台湾高雄市的龙虎塔

台北市

台北市位于台北盆地中央、淡水河右岸，是全省的政治、经济、文化和教育中心，为台湾第一大城市。清光绪元年（1875），钦差大臣沈葆桢在此建立了台北府，统管台湾行政，从此有“台北”之名。早在四五百年以前，这里还是一片沼泽密林。郑成功驱逐荷兰殖民者后，实行“寓兵于农”的政策，派兵到这一带开荒，逐渐开始了台北市的发展历程。台北经济繁荣，工业以电机及电器制造为主，城市发展迅速。台北市也是台湾北部的游览中心，名胜古迹颇多。

日月潭旧称水沙连，因潭景雾薄如纱，水波涟涟而得名，四周群峦叠翠，潭面景象万千，是台湾省最著名的天然大湖。

高雄市

高雄市旧名“打狗”“打鼓”和“西港”，1920年改称高雄。高雄位于台湾的西边边陲，是台湾最大的港口城市，也是全省仅次于台北市的第二大城市。高雄港是著名的国际港口，港口位于高雄湾内，港阔水深，是一个天然良港，全年货物吞吐量约占全省港口吞吐总量的73%，是高雄市得以发展的重要依托。它还是台湾重要的军港和渔港，渔业生产很发达。高雄是仅次于台北的第二大工业生产区，其中炼油厂、钢铁厂、造船厂在全省均属规模最大的企业。高雄也是台湾南部的交通中心。

高山族妇女的服装多用麻布和棉布制成，还有用成串贝珠缀在麻布上的“贝珠衣”。

高山族

高山族是台湾本土最著名的少数民族，主要聚居在台湾岛的山地、东部沿海和兰屿岛上。不同名称的高山族使用不同的语言，但是没有本民族的文字。高山族这一民族称谓，是1945年后中国人民对台湾少数民族的统称。它包括了“雅美”“阿美”“赛夏”“泰雅”“布农”“曹”“排湾”“卑南”“平埔”等称谓的人。由于居住地区不同，语言、习俗、服饰等都有很大的不同。在台湾，高山族人只占2%左右，但却是台湾最早的居民。高山族人主要从事农业、林业、狩猎和捕鱼等，并保留了许多本民族的古老风俗文化。

安平古堡

安平古堡位于台南市安平区国胜路与古堡街之间，是荷兰人据台时期为拓展远东贸易所修建的，故又名“红毛城”或“番仔城”。安平古堡是台湾历史上最早的一座城堡，历经荷据、明郑、清领、日据，见证了台湾300多年来的沧桑历史。古堡现存遗迹，包含右方内城残缺的半圆堡及古井遗址；而外城则有北、南、西南棱堡遗迹，其中高10余米、长约30米的南城壁遗迹，已规划成古壁史迹公园，墙上古榕气根盘踞，老髯长须，古意盎然；园区内有史迹浮雕十景。古堡上有座望台，是光绪年间在城基上设置的灯塔。

中央山脉·阿里山·日月潭

中央山脉北起台湾宜兰县苏澳附近的东澳岭，南抵台湾岛最南端的鹅銮鼻，纵贯台湾本岛南北，全长330千米，东西宽80千米，高峰连绵，其中的南湖大山、中央关山、崎莱山、碧绿山、合欢山、能高山、秀姑峦山、关山、卑南主山和北大武山等，高度均在海拔3200米以上。中央山脉纵贯全岛中央，有“台湾屋脊”之称，它将全岛分成东小、西大不对称的两半，东部地势陡峻，西部较宽缓，并成为全岛各水系的分水岭。

台湾岛四周海岸各异，东面是断层海岸，西面为上升海岸，北部是下沉海岸，南面是珊瑚礁海岸。图为台湾西海岸。

阿里山位于台湾省本岛西部玉山以西，属年青褶皱山，以谷深林茂、山势雄伟著称，近南北走向，北起鼻头角，南到高雄附近。海拔1000～2500米，长300千米。主峰大塔山，海拔2663米。附近是风景区，森林茂密，盛产红桧、扁柏等巨材，还生长着一株3000年以上的古红桧树，号称“神木”。

台湾的水系呈放射状分布，唯一的天然湖泊就是日月潭，它位于台湾中部南投县鱼池乡水社村，日月潭中有一座小岛，岛北边的半潭形状如同日轮，南边的半潭细长，形状好似上弦之月，所以在清朝时被命名为“日月潭”。

台湾岛

台湾岛是中国最大的海岛，它四面环海，与大陆之间夹一条狭长水道——台湾海峡。海峡如同一条走廊一样连通着东海和南海，不仅海峡两岸过往船只经过于此，就是西欧和印度洋沿岸各国的船只来东北亚港口，也大都经过这里。台湾岛位于海上走廊的东侧，又正好介于世界最大的太平洋和最大的亚欧大陆之间，具有重要的战略地位。台湾岛是一个多山的海岛，约有2/3的土地被山地占据，只有1/3的地区是绿色的平原。这里降水丰富，气候适宜，动植物资源丰富，渔业发达。

钓鱼岛·澎湖列岛

钓鱼岛列岛位于台湾省东北的东海大

佛光山的接引大佛

陆架前缘，琉球内海沟西北边上。主要由钓鱼岛、黄尾屿、赤尾屿、南小岛、北小岛等岛、礁、滩所组成，是火山岛链。可分为3个群岛：彭佳屿群岛、钓鱼台群岛、赤尾屿群岛，它们彼此相距100千米以上，呈弧形分布。岛上林、鸟甚多，是台湾、福建人民捕鱼、采药基地。

澎湖列岛是中国台湾海峡断裂带中喷出的玄武岩台地，经海浪侵蚀分割成的一片岛群，成行成列分布。列岛呈团块状，由64个大小岛屿组成。其中马公岛最大，又名澎湖岛，面积64.3平方千米。澎湖岛与北面的白沙岛、东面的渔翁岛环成一内湾即澎湖湾。马公港水深港宽，但风大、浪大、潮急。列岛沿海岩滩发育，成为浅水造礁珊瑚繁生场所，澎湖渔火是台湾八景之一。

佛光山

佛光山位于高雄市大树乡境内，本是一座荒山。1967年，由星云法师创建。在短短的数十年间，已建成为台湾地区第一座十方丛林。山上建筑气派、庙宇规模、佛像雕塑、庭院规划、殿阁布置等皆独树一帜，是台湾最著名的佛教圣地。寺内的露天接引大佛高32.2米，是岛内最大的佛像。佛光山由五座小山组成，形如莲花瓣，先天即已具备了佛国净土的条件；在设计上，仿效大陆佛教四大名山而建，是台湾的佛教中心。

宜兰风景区

台湾宜兰，东临太平洋，西倚中央山脉，境内地形复杂，蕴藏丰富的自然资源，高山、幽谷、海洋、湖泊、瀑布、温泉、冷泉及自然的田野景观齐备，风光旖旎令人向往。这里地势平坦，适宜种植水稻，是台湾主要的粮食产地。自古以来，由于对外交通不便，每当先民收获后，制成干货，保持新鲜度，一来可留为己用，二来可出售获利。有“宜兰四宝”之称的鸭赏、胆肝、蜜饯、苏澳羊羹，便是在这种受限于地理环境的因素下研制出来的。

宜兰公园具有浓郁的热带风情， 是宜兰风景区内风光最秀美的地方，湖内的鱼儿在此可以自由嬉戏。

中国世界遗产名录

左侧为联合国教科文组织的标志，右侧为世界遗产公约的标志。世界遗产公约的标志象征着文化遗产与自然遗产之间相互依存的关系。中央的正方形是人类创造的形状，圆圈代表大自然，两者密切相连。这个标志呈圆形，既象征全世界，也象征世界遗产需保护。

万里长城 1987 ◆

The Great Wall

明清皇宫 1987 ◆

Imperial Palaces of the Ming and Qing Dynasties in Beijing and Shenyang

沈阳故宫 2004

莫高窟 1987 ◆

Mogao Caves, Dunhuang

秦始皇陵及兵马俑坑 1987 ◆

Mausoleum of the First Qin Emperor and Terracotta Warriors

周口店“北京人”遗址 1987 ◆

Peking Man Site at Zhoukoudian

泰山 1987 ◆ ●

Mount Taishan

黄山 1990 ◆ ●

Mount Huangshan

九寨沟 1992 ●

Jiuzhaigou Valley Scenic and Historic Interest Area

黄龙 1992 ●

Huanglong Scenic and Historic Interest Area

武陵源 1992 ●

Wulingyuan Scenic and Historic Interest Area

承德避暑山庄及周围庙宇 1994 ◆

Mountain Resort and its Outlying Temples, Chengde

孔庙、孔林、孔府 1994 ◆

Temple and Cemetery of Confucius and the Kong Family Mansion in Qufu

布达拉宫 1994 ◆

Historic Ensemble of the Potala Palace, Lhasa

大昭寺 2000

罗布林卡 2001

武当山古建筑群 1994 ◆

Ancient Building Complex in the Wudang Mountains

峨眉山—乐山大佛 1996 ◆ ●

Mount Emei Scenic Area, including Leshan Giant Buddha Scenic Area

庐山 1996 ◆

Lushan National Park

丽江古城 1997 ◆

Old Town of Lijiang

平遥古城 1997 ◆

Ancient City of Pingyao

苏州古典园林 1997 ◆

Classical Gardens of Suzhou

沧浪亭·狮子林·艺圃·耦园·退思园 2000

颐和园 1998 ◆

Summer Palace, an Imperial Garden in Beijing

天坛 1998 ◆

Temple of Heaven: an Imperial Sacrificial Altar in Beijing

武夷山 1999 ◆ ●

Mount Wuyi

大足石刻 1999 ◆

Dazu Rock Carvings

青城山—都江堰 2000 ◆

Mount Qingcheng and the Dujiangyan Irrigation System

皖南古村落 2000 ◆

Ancient Villages in Southern Anhui – Xidi and Hongcun

龙门石窟 2000 ◆

Longmen Grottoes

明清皇家陵寝 2000 ◆

Imperial Tombs of the Ming and Qing Dynasties

明孝陵·明十三陵 2003

福陵·昭陵·永陵 2004

云冈石窟 2001 ◆

Yungang Grottoes

三江并流 2003 ●

Three Parallel Rivers of Yunnan Protected Areas

高句丽王城、王陵及贵族墓葬 2004 ◆

Capital Cities and Tombs of the Ancient Koguryo Kingdom

澳门历史古城区 2005 ◆

Historic Centre of Macao

四川大熊猫栖息地 2006 ●

Sichuan Giant Panda Sanctuaries

殷墟 2006 ◆

Yin Xu

◆ 文化遗产

● 自然遗产

用你的眼，或者心，阅读最美的地球

中国国家地理精华

选题策划：日知图书

策划编辑：高霁月

责任编辑：喻　静

特约编辑：高霁月

美术编辑：罗小玲　张鹤飞　于　蕾

封面设计：韩少杰　夏　鹏

版式设计：孙阳阳

图片提供：北京全景视觉网络科技有限公司
深圳超景图片有限公司
FOTOE
中国图片网
新华社摄影部

出发，让脚步追上理想